Zum Glück mit Hirn

Heide-Marie Smolka

Katharina Turecek

Zum Glück mit Hirn

Ein verlockendes Angebot für Glücksskeptiker

Mit zahlreichen Abbildungen und Arbeitsmaterialien online

 Springer

Heide-Marie Smolka
Wien, Österreich

Katharina Turecek
Wien, Österreich

Ergänzendes Material finden Sie unter http://extras.springer.com 978-3-662-54452-5

ISBN 978-3-662-54452-5   978-3-662-54453-2 (eBook)
DOI 10.1007/978-3-662-54453-2

Die Deutsche Nationalbibliothek verzeichnet diese Publikation in der Deutschen Nationalbibliografie; detaillierte bibliografische Daten sind im Internet über http://dnb.d-nb.de abrufbar.

Umschlaggestaltung: deblik Berlin
Fotonachweis Umschlag: © ktsdesign / stock.adobe.com
Layout und Satz: Herbert Stadler Grafik /Design /Produktion, Wien

Gedruckt auf säurefreiem und chlorfrei gebleichtem Papier

Springer ist Teil von Springer Nature
Die eingetragene Gesellschaft ist Springer-Verlag GmbH Deutschland
Die Anschrift der Gesellschaft ist: Heidelberger Platz 3, 14197 Berlin, Germany

Widmung

Für die Menschen, die uns gezeigt haben, wie man auch bei widrigen Umständen die Lebensfreude nicht verliert.

Danke Oma

Danke Tante Mecki

Danke Engi-Opa

Was für ein Glück, dass dieses Buch beim Springer-Verlag erscheint!

Wir fühlen uns dort so gut aufgehoben und betreut, insbesondere von **Renate Eichhorn**, unserer Ansprechperson in Wien. Aber auch aus Heidelberg bekommen wir tatkräftige Unterstützung: Dank an **Renate Scheddin**, **Ursula Kidane**, **Ronald Schmidt-Serriere** und **Erika Vogt**.

Ein großes Dankeschön an unseren Lektor, **Josef Weilguni**, der mit Engelsgeduld an unseren Sätzen und Worten gefeilt und geschliffen hat. Er zeigte uns immer wieder: kleine Veränderung – große Wirkung. Ebenso tüftelnd war **Herbert Stadler** mit dem Layout beschäftigt und hat ermöglicht, dass das Buch so lesefreundlich und ästhetisch geworden ist.
Die gelungene Covergestaltung verdanken wir **Max Mönnich**.

Wir wollen uns auch bei den vielen SeminarteilnehmerInnen bedanken, die immer wieder Inspiration liefern, etwas Neues zu entwickeln, und einen wichtigen Beitrag dazu leisten, dass wir am Ball bleiben und Spaß daran haben. Wir bedanken uns ganz besonders bei unseren TestleserInnen, die uns wertvolles Feedback gegeben haben: **Elke Brandner**, **Gabriele Freimuth**, **Karin** und **Bernd Kronowetter** sowie **Martina Turecek**.

Die App „Glück mit Hirn", die es begleitend zu diesem Buch gibt, ist dank der wertvollen Unterstützung von **Nils Klippstein** entstanden, die zugehörigen Tonaufnahmen mit **Bernd Kronowetter** machten wieder sehr viel Spaß.

Dann danken wir noch dem **Glücksfall**, der uns beide zusammengebracht hat.

Ja, und schließlich gilt der Dank auch **Ihnen**, dass Sie dieses Buch gekauft haben, und wir wünschen Ihnen nun ein erkenntnisreiches Lesevergnügen!

Inhalt

Das Vorspiel

Turecek trifft Smolka, das heißt, Gehirnforschung trifft Psychologie. In dieser Doppelconférence bekommen Sie einen Mix aus wissenschaftlichen Fakten und alltagstauglichen Methoden präsentiert. Wir stellen Ihnen ein neues Modell vor, mit dem es Ihnen gelingen wird, sich Ihrer Emotionen bewusster zu werden, sie zu steuern und in der Gefühlswelt selbstbestimmter zu sein.

Katharina Turecek: Ich selber lese ja ehrlich gesagt nie Vorwörter oder Einleitungen oder Gebrauchsanweisungen. Zeitverschwendung pur.
Heide-Marie Smolka: Deswegen heißt es ja Vorspiel und nicht Vorwort.
Katharina Turecek: Stimmt, vielleicht würde ich es bei dem Titel schon lesen.

Wir haben es jedenfalls versucht, Sie über den Titel hierherzulocken.
Und es hat offensichtlich geklappt.

Herzlich willkommen!

Wir möchten Sie gerne auf eine Reise in die vielseitige Welt
der Emotionen einladen!

Und das sind wir:

Mag. Heide-Marie Smolka: Expertin für Positive Psychologie und Muße-Spezialistin

Ich habe mich bei meinem Tun ganz dem Thema Glücksforschung verschrieben und bin unendlich glücklich, mit dieser Thematik zu arbeiten. Das Wort Glück wird im unternehmerischen Kontext allmählich salonfähig, dennoch stößt es immer noch auf Skepsis und wird oft in die Esoterik-Schublade geschoben. Durch die Zusammenarbeit mit der Gehirnexpertin Katharina Turecek sind auch Skeptiker zu überzeugen, und das ist gut so.

Abgesehen davon interessierte und faszinierte mich der Blick ins Gehirn immer schon und meine Neugierde lässt nicht nach.

Dr. Katharina Turecek, MSc: Expertin für angewandte Gehirnforschung im Turbo-Modus

Ich habe mich jahrelang mit Methoden beschäftigt, die uns noch leistungsfähiger, intelligenter, produktiver machen. Durch die Kooperation mit Heide-Marie Smolka bin ich auf die Frage gestoßen, was wir tun können, damit es uns einfach besser geht. Es hat mir – als Unternehmerin, Mutter und Powerfrau – gut getan, wieder mehr auf mein eigenes Befinden zu achten. In meinem Erfolgsstreben habe ich Themen wie Wohlfühlen, Zufriedenheit und Gefühle lange vernachlässigt, und ich glaube, da geht es nicht nur mir so.

Das Vorspiel

Das Wort Glück finde ich ehrlich gesagt schon problematisch.

Wie meinst du das?

Na weil halt andere immer wieder so sensibel darauf reagieren. Es hat so einen Touch von Marienkäfern und Regenbogen und ...

Esoterik. Sag's nur.

Ja. Schon. So, als könnte man sich das Glück einfach wünschen. Dabei fällt das Glück halt nicht vom Himmel.

Eben! Genau darum geht es ja. Deshalb ist es wichtig, zwischen Glückhaben und Glücklichsein zu unterscheiden. Denn nur beim Glücklichsein haben wir Einfluss darauf. Und dabei kommt es auf vieles an: auf meine Einstellung, mein Verhalten, meine Achtsamkeit, meinen Humor, meine Neugierde, meine Körperhaltung, meine Wachheit ...

Und all das kann ich beeinflussen.

Eben.

Genau darum geht es also in diesem Buch.
Um Ihre emotionale Kompetenz. Aber wir wollen Sie hier gar nicht länger
aufhalten, es ist besser, wir legen gleich los.

Das wäre aber jetzt ein bisschen kurz für ein Vorspiel – ich meine Vorwort.

Aber das Wichtigste ist schon gesagt.

Ich hätte gern noch erzählt, wie das Buch aufgebaut ist und was es bringt.

Wie es aufgebaut ist, das sieht man im Inhaltsverzeichnis.

   Und was es bringt, das merkt man soundso beim Lesen.

Na, dann ... ☺

Die App zum Buch

Zu diesem Buch gibt es eine App, diese können Sie im Google Playstore oder Applestore herunterladen: Glück mit Hirn

Infos dazu finden Sie auch hier:
www.smolka-turecek.at/aha/app

Textstellen und Übungen, welche Sie auf der App finden, sind mit diesem Symbol gekennzeichnet.

1. Der Stimmungsraum

Herzlich willkommen im Stimmungsraum. Der Stimmungsraum ist ein neu entwickeltes Modell und stellt die Basis dieses Buches dar. Diese Metapher eines Raumes wird Ihnen helfen, Ihre Gefühle klarer wahrzunehmen und sogar in diese steuernd einzugreifen. Sie lernen sozusagen, sich in Ihrem Stimmungsraum zu bewegen.

Mittels eines Tests haben Sie die Möglichkeit festzustellen, wie Ihr persönlicher Stimmungsraum aussieht. Von diesem Ausgangspunkt begeben Sie sich gemeinsam mit uns auf Entdeckungsreise. Es wird darum gehen aufzuspüren, wo für Sie Handlungsbedarf besteht, um ein erfolgreiches Leben zu führen. Jedoch – was heißt Erfolg? Dazu kommen wir später.

Emotionaler Begriffsdschungel

Gefühl, Emotion, Stimmung … es ist nicht so einfach, Klarheit in den Begriffsdschungel unserer Emotionswelt zu bringen und diese verschiedenen Begriffe voneinander abzugrenzen.

Wir können zum einen bezüglich der Dauer eines Gefühls differenzieren:
Gefühle und Emotionen sind meist auf kurze Zeiträume, also Minuten oder Stunden, beschränkt, während Stimmungen länger anhalten und mitunter Wochen oder Monate dauern können.
Besonders lang anhaltende Tendenzen werden als Temperament bezeichnet, als individuelle Empfänglichkeit für ein bestimmtes Gefühl und eine Neigung, auf eine bestimmte Art zu reagieren.
In manchen Unterscheidungen wird die Intensität eines Gefühls oder einer Emotion berücksichtigt; so wird ein besonders intensiver und meist nur kurz anhaltender Gefühlsausbruch als Affekt bezeichnet. Dieser Begriff wird häufig in einem klinischen Zusammenhang verwendet und beschreibt beispielsweise Wutausbrüche oder Panikanfälle.

Wieder eine andere Differenzierung befasst sich mit der Unterscheidung von Körper und Psyche. So wird die körperliche Reaktion auf einen Reiz mancherorts als Emotion bezeichnet und erst unsere gefühlte Empfindung Gefühl genannt.

Keine dieser Theorien ist interdisziplinär und einheitlich anerkannt, und daher werden wir in diesem Buch die Begriffe Emotion und Gefühl synonym verwenden.

Schlagwörter: Emotion, Gefühl, Stimmung, Temperament, Affekt

Sie wollen wissen, wie Ihr persönlicher Stimmungsraum aussieht?

Dann legen Sie los:

||||||||||||||||||||||||||||||||||||||||||||||||||||||||||||||||||||||||||||||||||||||||||||||||||||||

Machen Sie den Emotionstest!

 Dieser kurze Selbsttest gibt Ihnen Einblicke in Ihre Gefühlswelt.

Sie können den Test gleich hier im Buch ausfüllen und anschließend selber auswerten.

Alternativ finden Sie den Emotionstest auch in unserer App „Zum Glück mit Hirn", welche Sie im Apple Store oder Google Playstore herunterladen können.

So erhalten Sie in wenigen Klicks Ihr Testergebnis.

Los geht's!

Dieser Test umfasst vierzig Aussagen zu Ihren persönlichen emotionalen Tendenzen.

Beurteilen Sie die einzelnen Sätze auf einer Skala von 1 (stimmt überhaupt nicht) bis 10 (stimmt voll und ganz) und kreuzen Sie das entsprechende Feld an.

Bitte beurteilen Sie alle Aussagen so ehrlich wie möglich, um ein aussagekräftiges Ergebnis zu gewährleisten. Bei dem Test geht es nicht darum, richtige Antworten zu finden, sondern eine möglichst genaue Selbsteinschätzung abzugeben. Nur so kann das Ergebnis sinnvoll interpretiert werden.

||||||||||||||||||||||||||||||||||||||||||||||||||||||||||||||||||||||||||||||||||||||||||||||||||||||

		Stimmt überhaupt nicht								Stimmt voll und ganz	
		1	2	3	4	5	6	7	8	9	10
1	Ich hätte meine Wut gerne besser im Griff.										
2	Es gibt viele Menschen, die mich nerven.										
3	Ich halte immer wieder inne und genieße das Hier und Jetzt.										
4	Es kommt immer wieder vor, dass ich jemanden anschreie oder eine Tür zuknalle.										
5	Es fällt mir schwer, negative Gefühle zuzulassen, selbst wenn sie angemessen wären.										
6	Ich erledige vieles in einem hohen Tempo.										
7	Manchmal bin ich zu gutmütig.										
8	Ich nehme mir oft vor, gelassener zu sein, doch es gelingt mir nicht.										
9	In meinem Tun bin ich höchst effizient.										
10	Ich bin nur selten fröhlich.										
11	Ich nütze selbst kurze Leerzeiten, um etwas zu erledigen.										

Der Stimmungsraum

		1	2	3	4	5	6	7	8	9	10
12	Ich beneide so manche Menschen, die leicht und unbeschwert durchs Leben gehen.										
13	Andere beschreiben mich als ruhig und gelassen.										
14	Viele beneiden mich um meine unerschöpfliche Energie.										
15	Mir wird des Öfteren geraten: „Sieh es doch positiv!"										
16	Ich kenne die Orte, an denen ich zur Ruhe komme, und suche sie auch auf.										
17	Mein Umfeld leidet manchmal unter meinen Wutausbrüchen.										
18	Ich finde im Alltag zahlreiche kleine Genussmomente.										
19	Mein großes Harmoniebedürfnis geht mir manchmal selbst auf die Nerven.										
20	Viele Menschen bezeichnen mich als Pessimisten.										
21	Mir wird oft gesagt, dass ich zu viel arbeite.										
22	Ich höre oft den Satz: „Jetzt reg' dich nicht so auf!"										
23	Ich gehe gerne an meine Grenzen.										
24	Den ganzen Tag im Hamsterrad, das ist mir oft zu viel.										
25	Ich bin oft melancholisch.										
26	Ich habe häufig weder Lust zu arbeiten noch etwas zu unternehmen.										
27	Ich gehe eher vom Schlimmsten aus.										
28	Ich bin leicht reizbar.										
29	Manchmal raste ich einfach aus.										
30	Ich fühle mich oft träge und antriebslos.										
31	Obwohl mein Leben objektiv betrachtet ein gutes ist, fällt es mir schwer, glücklich zu sein.										
32	Ich mache mir häufig Sorgen.										
33	Mein Leben und Arbeitsalltag sind unruhig, gestresst und gehetzt.										
34	Meine entspannte Grundhaltung macht mir das Erreichen langfristiger Ziele schwer.										
35	Menschen, die viel langsamer sind als ich, nerven mich.										
36	Ich nehme mir Zeit, um mir selbst Gutes zu tun.										
37	Ich kann lange durcharbeiten, ohne eine Pause zu machen.										
38	Nichtstun halte ich kaum aus.										
39	Ich sollte mich öfter auch mal zu einer Arbeit überwinden, anstatt nur zu genießen.										
40	Ich liebe Herausforderungen.										

So bestimmen Sie Ihr Testergebnis:

Die vierzig Testfragen sind vier Kategorien zugeordnet. Diese Kategorien tragen die Buchstaben T, M, J und W. Sie werden gleich mehr über diese vier Kategorien erfahren.

Übertragen Sie Ihre Antwortwerte (als Zahl zwischen 1 und 10) in die vier Tabellen. Addieren Sie dann die Werte, um Ihre vier Teilergebnisse zu erhalten.

T	6	9	11	14	21	23	35	37	38	40	Ergebnis

M	3	5	7	13	16	18	19	34	36	39	Ergebnis

J	10	12	15	20	25	26	27	30	31	32	Ergebnis

W	1	2	4	8	17	22	24	28	29	33	Ergebnis

Ihre Testergebnisse werden in der Folge noch eine zentrale Rolle spielen, vorab möchten wir Ihnen das Modell des Stimmungsraumes vorstellen:

Ein Koordinatensystem für Ihre Emotionen

Die Stimmungsachse: von der Raunzerzone bis zum Glücksbereich

Wir teilen Gefühle der Einfachheit halber grob in zwei Kategorien ein: unangenehme und angenehme Gefühle. Diese können wir uns auf einer Stimmungsachse vorstellen. Ganz links befindet sich die unangenehme Raunzerzone[1] und rechts der angenehme Glücksbereich.

---

1) Raunzen ist eine Tätigkeit, die speziell in Wien sehr verbreitet ist: Raunzen ist eine gute Mischung aus Jammern und Klagen, es herrscht jedenfalls eine Fokussierung auf das Negativ. Der klassische Raunzer hat Tendenz zum Opferdasein: „Die anderen sind schuld. Und an der allgemeinen Misere lässt sich auch nichts ändern."

In der Raunzerzone finden sich Emotionen wie Ärger, Traurigkeit, Grant, Wut, Angst, Trauer, Melancholie ...

Im Glücksbereich befinden Sie sich, wenn Sie gut aufgelegt, freudig wohlgelaunt und beschwingt sind, wenn Sie etwas genießen, im Flow sind, also in guter Stimmung. So weit, so gut.

Raunzerzone und Glücksbereich

Markieren Sie zur persönlichen Veranschaulichung in einem Raum (Büro oder Wohnzimmer) zwei Bereiche und stellen Sie sich immer in den Bereich, der gerade zur aktuellen Stimmung passt. Wenn Sie sich ärgern, gehen Sie wirklich physisch in Ihre Raunzerzone, wenn etwas gelingt, suchen Sie den Ort auf, den Sie als Glückszone markiert haben. Durch diese räumliche Verortung von Stimmungen wird Ihnen schnell bewusst werden, welche Stimmungslagen im Alltag vorherrschen. Halten Sie immer wieder einmal inne, um nachzuspüren, welche Stimmung dominiert. Vielleicht erkennen Sie so auch, welche unterschiedlichen Auslöser es gibt und welche Situationen, Personen oder Tätigkeiten Sie in Ihre Raunzerzone oder in Ihren Glücksbereich versetzen.

Diese sehr einfache Übung hat sich schon vielfach bewährt, um das Bewusstsein zu schärfen, wie oft man im Lauf eines Tages in guter und wie oft man in schlechter Stimmung ist. Näheres dazu finden Sie in dem Buch „Vorhang auf fürs Glück" von Heide-Marie Smolka (Smolka 2013).

Bewegen Sie sich aktiv auf Ihrer Stimmungsachse

Während es im ersten Schritt nur darum geht, wahrzunehmen, wie oft man sich in welchem Bereich befindet, ist es in einem zweiten Schritt möglich, steuernd einzugreifen.

Und: Keine Angst! Es ist nicht das Ziel, nur mehr gut drauf zu sein und die Welt auf Wolke sieben zu heben. Unangenehme Stimmungen sind ja auch wichtig und manchmal angemessen. Sie sollten nur nicht überhand nehmen und zu einer unreflektierten Gewohnheit werden (was gar nicht so selten der Fall ist!).

Aber auch dazu später mehr.

Nackte TATSACHE ▲▲▲▲

Wo im Gehirn ist denn der Jammerlappen?

Der Psychologe Richard Davidson war einer der ersten Wissenschaftler, die sich auf die Suche nach dem Ursprung von Gefühlen in unserem Gehirn gemacht haben. In seinen Studien nützte er häufig emotions-geladene Videos, um seine Versuchspersonen zum Lachen oder zum Weinen zu bringen. Er stellte fest, dass Gefühlsregungen Gehirnaktivität im vordersten Bereich unseres Gehirns bewirken, dem sogenann-ten präfrontalen Cortex. Während fröhliche und lustige Filme hier eher linksseitige Aktivität hervorrufen, aktivieren Filme mit negativem Inhalt die rechte Seite. Die Stimmungsachse spiegelt sich so im Gehirn wider: Die Raunzerzone aktiviert unseren rechten präfrontalen Cortex (da ist er, unser Jammerlappen), während die Glückszone eher linksseitig zu finden ist (Davidson 1992).

Um herauszufinden, ob diese Aufteilung angeboren ist oder später angelegt, untersuchte Richard Da-vidson die Reaktionen der Gehirne neugeborener Kinder. Um positive und negative Gefühlsregungen auszulösen, tröpfelte er den kleinen Versuchspersonen Zucker bzw. Zitronenwasser auf die Lippen. Und siehe da: Das süße Wasser aktivierte den linken präfrontalen Cortex, während die sauren Tropfen das rechte Stirnhirn erregten (Davidson und Fox 1982).

Übrigens zeigt sich diese sogenannte Lateralisation der Hemisphären auch bei Gehirnläsionen, also Ver-letzungen des Gehirns: So sind bei linksseitigen Frontalläsionen diejenigen Areale beeinträchtigt, die mit positiven Gefühlen assoziiert sind, was übermäßiges Weinen nach sich zieht, während Verletzungen im rechten Bereich in unangebrachtem Lachen resultieren können (Gainotti 1972).

Schlagwörter: Hemisphären-Lateralität, präfrontaler Cortex, Stimmungsachse

Die Aktivierungsachse: von energiearm bis hochaktiviert

Jetzt fügen wir noch eine zweite Dimension hinzu: die Aktivierung. Sowohl in negativer als auch in positiver Stimmung gibt es Zustände mit niedriger oder mit hoher Aktivierung.

Unangenehme Stimmungen mit niedriger Aktivierung sind etwa Traurigkeit, Melancholie, Kummer – wir nennen diesen Bereich das **Jammertal**. Der Grant kann mitunter schon mehr Energie haben, sehr viel Energie steckt in Ärger und Wut. Den entsprechenden Quadranten bezeichnen wir darum als **Wut**.

Auch in positiver Stimmung gibt es Zustände mit hoher Aktivierung: die Eupho-rie, den Flow, die Begeisterung, wir nennen diesen Bereich **Turbo**.

Und es gibt auch gute Stimmung mit niedriger Aktivierung: die Muße, das woh-lige Nichtstun, die angenehme Ermüdung nach einer Anstrengung.

Vereinfacht fassen wir diese Zustände als **Muße** zusammen.

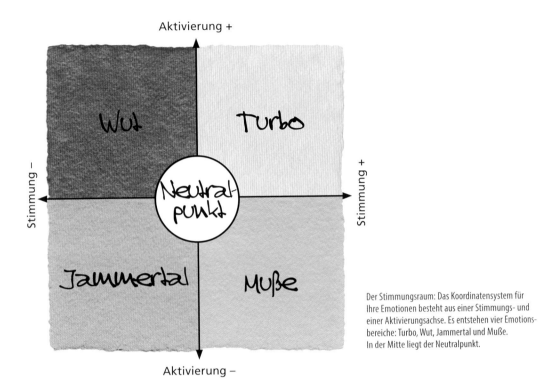

Der Stimmungsraum: Das Koordinatensystem für Ihre Emotionen besteht aus einer Stimmungs- und einer Aktivierungsachse. Es entstehen vier Emotionsbereiche: Turbo, Wut, Jammertal und Muße. In der Mitte liegt der Neutralpunkt.

Der Neutralpunkt

Ja, und an dieser Stelle noch etwas sehr Wichtiges: In der Mitte dieser vier Befindlichkeiten ist der Neutralpunkt. Dort befinden Sie sich, wenn es Ihnen gelingt, nicht zu bewerten, sondern sachlich, nüchtern wahrzunehmen – eben wenn Sie neutral sind.

Dann ist die Welt weder gut noch schlecht, Sie befinden sich in neutraler Verfassung. Vielen Menschen ist diese Haltung eher fremd, sie hat jedoch sehr hohen Nutzen und wird uns in diesem Buch des Öfteren beschäftigen. Deshalb ist dem Neutralpunkt ein ganzes Kapitel gewidmet.

Status quo

Es ist so weit, werfen Sie einen Blick auf Ihren Emotionstest.
Sind Sie neugierig, wo im Stimmungsraum Sie sich häufig aufhalten?
Tragen Sie Ihre Teilergebnisse von Seite 8 auf den entsprechenden Achsen ein
und verbinden Sie die vier Punkte miteinander.

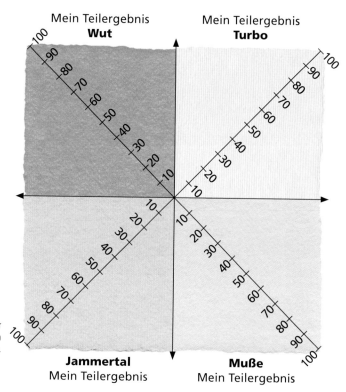

Mein Emotionstest: Tragen Sie Ihr
Testergebnis in das Koordinatensystem ein
und verbinden Sie die Punkte.

Mit Ihrem Testergebnis erhalten Sie eine Grafik, die sichtbar macht, wie stark
welche Dimension Ihrer Gefühlswelt ausgeprägt ist. Dabei gibt es kein Richtig
und kein Falsch, Ihr Ergebnis dient Ihnen primär als Orientierungshilfe. Extreme
Werte können Ihnen dabei helfen, Veränderungswünsche klarer zu sehen.

Die Teilergebnisse sind nicht als absolut zu interpretieren, sondern im Zusammenhang und in Relation zu den anderen Werten. Wenn Sie große Unterschiede
zwischen den einzelnen Bereichen erkennen, zeigt Ihnen das, dass manche Ihrer
Emotionsbereiche übermäßig stark ausgeprägt sind, während andere anscheinend zu kurz kommen.

Alle vier Bereiche sind wichtig, und jeder Bereich hat Vor- und Nachteile. Die emotionale Verfassung ist nicht nur typ-, sondern auch situationsabhängig und nach Tagesverfassung variabel.

Sie sind den unterschiedlichen Verfassungen nicht einfach ausgeliefert, sondern haben die Möglichkeit, aktiv etwas zu verändern. Sie können sich im Stimmungsraum bewegen und werden nicht nur durch unbewusste Faktoren und Einflüsse von außen gesteuert! Der Stimmungsraum kann zum Stimmungsspielraum werden.

Wie Sie selbst steuernd in Ihre Gefühlswelt eingreifen können, erfahren Sie in den nächsten Kapiteln.

Werfen Sie nun zunächst einen genaueren Blick auf Ihr Testergebnis.

Welcher Emotions-Typ sind Sie?

In welchem der vier Bereiche haben Sie den höchsten Wert?
Erkennen Sie sich in der entsprechenden Beschreibung wieder?

Turbo

Sie befinden sich im Bereich hoher Energie und guter Stimmung. Sie sind meist sehr effizient, haben ein hohes Tempo, nutzen die Zeit und laufen auf Hochtouren. Die Stärken dieser Dimension: effektives Tun, Fleiß und Ausdauer. Jeder Chef kann sich nur freuen, einen Turbo-Mitarbeiter wie Sie zu haben. Da geht etwas weiter! Aber die Gefahr lauert oft unbemerkt. Ein Zuviel davon führt langfristig zu Erschöpfung. Und das kann mitunter böse enden. Selbst wenn sich jemand im Turbo-Modus oft über lange Zeit gut fühlt, sollten bei einem sehr hohen Wert – insbesondere wenn der Muße-Wert sehr niedrig ist – die Alarmglocken schrillen. Üben Sie sich darin, Ihr Tempo immer wieder einmal aktiv herunterzufahren, um nicht nur Ihrem Körper, sondern auch Ihrer Seele eine Pause zu verschaffen. Wie genau das funktionieren kann, werden Sie im Kapitel Turbo erfahren, aber auch im Kapitel über den Neutralpunkt sind Sie bestens aufgehoben. Geben Sie Acht auf sich!

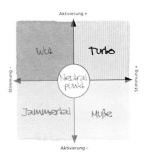

Wut

Die Dimension Wut zeichnet sich durch einen hohen Energielevel aus, kombiniert mit schlechter Stimmung. Sie verlieren leicht die Kontrolle und agieren impulsiv. Ihre Reizschwelle ist niedrig, der Geduldsfaden sehr dünn. In mäßiger Ausprägung hat diese Kategorie den Vorteil, dass Emotionen Ausdruck verliehen wird, sie nicht unterdrückt werden und sich nicht aufstauen. Bei zu starker Ausprägung lauert jedoch die Gefahr unkontrollierter Emotionalität, unange-

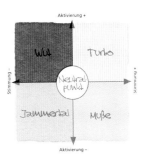

messene Reaktionen können für Beziehungen aller Art sehr belastend oder sogar zerstörerisch sein. Wenn Sie hier einen sehr hohen Wert haben, so möchten wir Sie direkt ins Kapitel Neutralpunkt schicken. Auch im Wut-Kapitel werden Sie Strategien finden, die es Ihnen ermöglichen, Impulskontrolle zu erlernen und überschießende Emotionalität in den Griff zu kriegen. Es funktioniert!

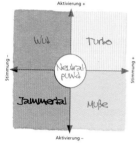

Jammertal

Wenn Ihr Wert hier sehr hoch ist, dann ist Ihr Energielevel niedrig und Sie machen es sich nicht gerade leicht im Leben. Ihre Grundhaltung ist überwiegend melancholisch und pessimistisch, und Sie sehen das Glas wohl eher halbleer als halbvoll. Auch Antriebslosigkeit kann Ihnen zu schaffen machen. Trauerphasen sind in manchen Situationen wichtig und angebracht, aber im Jammertal sollte man nicht zu lange verweilen.

Die gute Nachricht: Schritt für Schritt können Sie üben, eine optimistischere Sichtweise zu entwickeln und das Schöne im Leben wahrzunehmen. Im Kapitel Jammertal gibt es dafür Hilfestellungen.

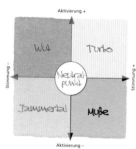

Muße

Sie befinden sich in guter Stimmung bei eher niedrigem Energielevel. Sie sind ein wahrer Genussspezialist. Ihnen gelingt es, immer wieder aktiv abzuschalten, das Nichtstun zu genießen und gut für sich selbst zu sorgen. Eine optimistische Grundhaltung sorgt stets für Zuversicht und Ausgeglichenheit. Jedoch auch hier kann Gefahr lauern: Vielleicht werden unangenehme Emotionen gar nicht zugelassen, oder der niedrige Energielevel hindert Sie daran, die notwendige Motivation aufzubringen, um Ihre Ziele zu erreichen? Werfen Sie einen Blick ins Muße-Kapitel, um Anregungen zu erhalten.

Jeder Bereich hat Vor- und Nachteile

Für den Emotionstest gibt es keine „richtige" Lösung.
Jedes Ergebnis hat Vor- und Nachteile.

Der Turbo-Modus beispielsweise ist ja eigentlich ein sehr angenehmer, erstrebenswerter Zustand: Ich bin in guter Stimmung, ich bin voll Energie, ich bin erfolgreich. Dieser Zustand nährt den Selbstwert und tut einfach gut! Aber zu viel Turbo kann gefährlich werden! Immer nur Turbo, niemals Muße kann zur Folge haben, dass ich ins Jammertal stürze, weil der Dauerturbo nicht durchzuhalten ist. Das wäre der klassische Verlauf ins Burnout. Deshalb ist es wichtig, immer wieder aktiv Muße-Phasen einzulegen.

Auch das Jammertal hat Vor- und Nachteile. Der Vorteil: Manchmal tut es richtig gut, sich auszuweinen und Belastendes loszuwerden. Aber wenn ich zu häufig in schlechter Stimmung bin, dann macht mich das nicht nur unglücklich, es beeinträchtigt sogar meine Gesundheit. Auch hier sollte man Überlegungen anstellen, wie man aus dem Jammertal herauskommt.

Welche Stimmung überwiegt?

Betrachten Sie Ihr persönliches Profil auch einmal vertikal halbiert:
Welche Hälfte überwiegt?

Good-Mood-Typ

Manche Menschen haben eine starke Ausprägung im positiven Bereich. Dabei ist es ja prinzipiell wünschenswert, wenn die positiven Emotionen überwiegen, jedoch stellt sich im Extremfall die Frage, ob möglicherweise Ärger oder Trauer zu kurz kommen. Werden Sie ausgenutzt? Können Sie Grenzen setzen? Dürfen Sie auch einmal traurig sein?

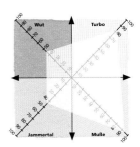

Oder sieht Ihr Profil dem folgenden ähnlich?

Bad-Mood-Typ

Negative Emotionen signalisieren ein Problem und haben daher durchaus eine Funktion. Nehmen unangenehme Gefühle überhand, ist es durchaus sinnvoll, nach Strategien Ausschau zu halten, die Ihre Stimmung verbessern können. Dafür sind Sie sowohl im Kapitel Wut als auch Jammertal gut bedient.

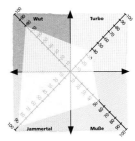

Welchen Energielevel haben Sie?

Werfen Sie nun einen Blick auf die horizontale Achse der Grafik.
Auch hier können sich Typen zeigen.

High-Energy-Typ

In diesem Fall ist der Energielevel sehr hoch, was ja prinzipiell hilfreich ist. Ein zu hoch ausgeprägter Energielevel kann allerdings auch zur Belastung werden – für den Betreffenden wie auch für das Umfeld. Hier gilt es nach Strategien zu suchen, um den Energielevel zu senken. In diesem Fall legen wir Ihnen ganz besonders die Kapitel Neutralpunkt und Muße ans Herz.

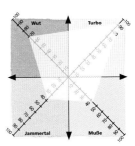

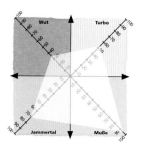

Low-Energy-Typ

Hier liegt ein niedriger Energielevel vor, was Ihnen vielleicht immer wieder zu schaffen macht. Wie man wieder zu mehr Energie kommt, damit werden wir uns primär im Jammertal-, aber auch im Muße-Kapitel beschäftigen.

Wo liegt Ihre Problemzone?

Wenn Sie schlecht drauf sind, werden Sie eher wütend oder traurig? Was sagt Ihnen der Test? Ist Ihr Wut- oder Ihr Jammertal-Wert höher? Auch wenn Wut oder Jammertal nicht ihre höchsten Werte darstellen, kann trotzdem Handlungsbedarf bestehen.

Holen Sie sich Inspirationen im entsprechenden Kapitel.

Davidson RJ (1992) Emotion and Affective Style: Hemispheric Substrates. Psychol Sci 3:39–43. doi: 10.1111/j.1467-9280.1992.tb00254.x

Davidson RJ, Fox NA (1982) Asymmetrical brain activity discriminates between positive and negative affective stimuli in human infants. Science 218:1235–1237. doi: 10.1126/science.7146906

Gainotti G (1972) Emotional Behavior and Hemispheric Side of the Lesion. Cortex 8:41–55. doi: 10.1016/S0010-9452(72)80026-1

Smolka H-M (2013) Vorhang auf fürs Glück: Drehbuch für mehr Lebensfreude. Knaur HC, München

2. Vom Stimmungsraum zum Stimmungs*spiel*raum

Das Modell des Stimmungsraumes dient dazu, Ihnen einen Einblick in Ihre eigene Gefühlswelt zu geben. Es soll Ihnen zeigen, wie dynamisch unsere Gefühlswelt ist, damit Sie in Zukunft Warnsignale rechtzeitig wahrnehmen und Auswege erkennen und nützen können. So wird aus Ihrem Stimmungsraum ein Stimmungs*spiel*raum, ein Raum, in dem Sie sich frei bewegen und aktiv beeinflussen können, wo Sie sich befinden und wie Sie sich fühlen.

Ziel ist es, dass Ihnen im Alltag immer öfter bewusst wird,
1. in welchem der vier Bereiche Sie sich gerade befinden,
2. ob aktuell Veränderungsbedarf besteht
   und, wenn ja, dass Sie in diesem Fall
3. über Strategien verfügen, die es Ihnen ermöglichen, sich im Stimmungsraum zu bewegen.

Emotionen sind trainierbar

Wut übermannt uns, Trauer überfällt uns ... unsere Sprache vermittelt uns, wir wären negativen Gefühlen ausgeliefert und ein Spielball unserer Emotionen. Wir wollen Ihnen zeigen, dass das nicht immer so sein muss, und Ihnen dabei helfen, Herr oder Frau Ihrer Befindlichkeiten zu werden.

Puh. Also ich bin untertags voll im Einsatz, den ganzen Tag funktionieren, vieles erledigen, stark sein, alles im Griff haben ... wenn ich dann am Abend nach Hause komme zu zwei müden Kindern, da passiert es schon mal, dass ich aus Erschöpfung von meinen Gefühlen übermannt werde. Wie soll es da gelingen, dass ich steuernd eingreife? Dazu bin ich zu erschöpft.
Ja, das verstehe ich, dass du erschöpft bist. Du bist ja den ganzen Tag im Turbo und ganz einfach erledigt. Dennoch hast du jetzt verschiedene Möglichkeiten, mit der Situation umzugehen. Du kannst dir das mit dem Bild des Stimmungsraumes gut veranschaulichen. Was machst du denn so an einem typischen Tag, wenn du nach Hause kommst?
Na, da gibt es meistens noch viel zu tun. Wäsche. Kochen. Chaos. Kinder ...
Das heißt also, du bleibst im Turbo-Modus hängen und funktionierst weiter.
Stimmt. Muss ich ja. Nur manchmal wird mir alles zu viel. Da kann es passieren, dass ich wütend werde, weil die Kinder nicht ins Bett wollen oder weil ein Glas umgeschüttet wird.

Ja, das ist klassisch, dass ein überforderter Turbo-Mensch Gefahr läuft, in die Wut zu kippen.

Nicht immer. Manchmal versinke ich auch in Selbstmitleid.

Das ist dann das Jammertal. Auch nicht die optimale Lösung. Das Beste wäre natürlich, es gelänge
dir, in den Muße-Modus zu kommen. Und das kannst du aktiv steuern. Du kannst dir schon
am Nachhauseweg überlegen, wie du das erreichst. Dass du zum Beispiel die Zeit mit den
Kindern ganz bewusst genießt und am Sofa eine Kuschelrunde einlegst, statt dich selbst zu
bemitleiden. Die Muße wäre für dich ein wichtiger Ausgleich zu deinem Turbo-Alltag.

Und der Wäschekorb?

Der kann auch mal warten. Für den hast du Zeit, nachdem du Kraft getankt hast. Oder er wartet
auch noch bis zum nächsten Tag.

An diesem Beispiel sehen Sie, dass es Ihnen im Alltag helfen kann, in der Selbstreflexion zu erkennen, wo Sie sich *aktuell* befinden, und vor allem wo Sie sich
befinden *wollen*. Nicht immer, aber sehr oft können Sie das selbst steuern und
aktiv entscheiden. Durch Gedankensteuerung, durch Verhaltensänderung,
durch Körperübungen oder Mentaltraining gelingt es immer leichter, hier die
Kontrolle zu übernehmen.

Wir können emotionale Tendenzen trainieren, so wie wir Klavierspielen üben
und immer besser werden. Durch Übung!

Nackte TATSACHE ▲▲▲▲ Unser Gehirn ist formbar

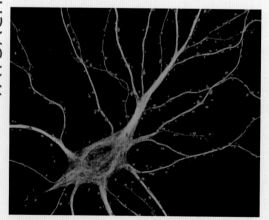

Diese kultivierte Nervenzelle wurde türkis eingefärbt. Die violetten Punkte
sind Synapsen zu anderen Nervenzellen. So können die Neuronen miteinander
kommunizieren, aber auch dazulernen. Auch emotionale Reaktionen können
erlernt und trainiert werden.
© K. A. Boyle (aus Beck et al.: Faszinierendes Gehirn, Springer-Verlag Berlin
Heidelberg)

Die Nervenzellen in unserem Gehirn sind zu einem
dichten Netzwerk verbunden. Einem Netzwerk,
das über zahlreiche Knotenpunkte kommuniziert
und sich ständig verändert, und zwar aktivitäts-
abhängig. Diese Veränderungsprozesse laufen
nach zwei einfachen Prinzipien ab:

„What fires together, wires together": Ner-
venzellverbindungen, die häufig genützt werden, werden gestärkt (Hebb 2005).

„Use it, or loose it!": Inaktive Nervenzellverbin-
dungen werden schwächer und gehen verloren.

So passt sich unser Gehirn ständig den aktuellen Anforderungen an. Wenn Sie Kontrabass-
spielen üben, im Urlaub auf Französisch >>>

kommunizieren, Windsurfen lernen oder englischsprachige Filme ansehen, trainieren Sie nicht nur neue Fähigkeiten, Sie verändern auch Ihr Gehirn.

Sichtbare Veränderungen

Die unglaubliche Flexibilität unseres Gehirns wird besonders eindrucksvoll sichtbar, wenn sich Gehirnregionen, die nicht genützt werden, eine neue Aufgabe suchen. So verarbeitet beispielsweise der Hinterhauptlappen unseres Gehirns normalerweise visuelle Informationen. Bei blinden Menschen bekommt dieses Gehirnareal keinen Input und widmet sich darum anderen Aufgaben, etwa der Verarbeitung von sensorischen Daten beim Lesen der Braille-Schrift. Gehörlose wiederum setzen den ungenützten auditiven Cortex für die Verarbeitung optischer Informationen ein – sie können Bewegungen am Rande des Sichtfelds besser wahrnehmen als Hörende. Auch nach Amputationen lässt sich eine neuronale Reorganisation beobachten.

Das gilt auch für Emotionen

„Wir können durch Geistestraining nicht nur die Aktivitätsmuster, sondern sogar die Struktur unseres Gehirns dahingehend verändern, dass wir einen anderen emotionalen Stil entwickeln, mit dem es sich leichter leben lässt", erklärt Richard Davidson von der Universität Wisconsin-Madison (Davidson und Begley 2016). So können Sie Nervenzellverbände, die für bestimmte emotionale Reaktionen zuständig sind, stärken oder schwächen. Jedes Mal, wenn Sie eine bestimmte Emotion ausleben, stärken Sie die entsprechenden Zellverbände. Das führt dazu, dass sie das entsprechende Gefühl in Zukunft leichter empfinden werden.

Auto-Assoziationen: Unfall – Stau – Kampf vs. Freiheit – Urlaub – Spontanität

Reize aktivieren neuronale Muster. Wenn Sie zum Beispiel ein Auto sehen, wird in Ihrem Gehirn die Assoziation „Auto" geweckt. Außer wenn Sie sich in letzter Zeit primär auf Englisch unterhalten haben, dann wird Ihre erste Assoziation möglicherweise „car" sein.
Genauso können Reize unterschiedliche emotionale Assoziationen wecken. Das Auto kann für Sie negativ oder positiv besetzt sein, kann Sie in Wut versetzen oder zu Mußestunden inspirieren, kann angenehme oder unangenehme Erinnerungen wecken. So wie beim Auslandsaufenthalt Ihre Fremdsprachenkenntnisse aufgefrischt werden, können Sie auch erwünschte Gefühle trainieren. Stärken Sie die Assoziationen, die Ihnen guttun, und fördern Sie positive Erinnerungen.

Achtung, das gilt auch für negative Emotionen!

Ja, wir können auch die Wut trainieren (dazu später mehr – siehe „Nackte Tatsache: Wut abreagieren? Besser nicht!", S. 88) oder uns in Trauer hineinsteigern. Daher ist es wichtig, negative Emotionen zwar nicht zu ignorieren, aber auch nicht zu vertiefen.

Schlagwörter: Neuroplastizität, Lernen, Assoziationen

Ist doch genial, zu wissen, dass man Stimmungen trainieren kann, oder? Man kann das mit Muskeltraining vergleichen: Wenn ich meinen Bizeps regelmäßig trainiere und fordere, so wird er stark und leistungsfähig. So ist es auch mit den neuronalen Netzwerken im Gehirn: Regionen, die oft aktiv sind, sind besser vernetzt. Ein Mensch, der sich sehr oft ärgert, der hat sein „Ärgerareal" im Gehirn gut trainiert, also die neuronalen Netzwerke, die beim Ärgern aktiv sind.

Der Ärger ist mitunter zu einer unreflektierten Gewohnheit geworden. Sie kennen sicherlich jemanden, den bereits Kleinigkeiten zur Weißglut bringen können. In Wien nennen wir solche Menschen „Häferl"[1]. Umgekehrt gilt: Wenn ein Mensch oft in guter Stimmung ist, dann sind in seinem Gehirn die „Glücks-areale" gut trainiert. Und das hat zur Folge, dass er nicht nur leichter, sondern auch intensiver in gute Stimmung kommt.

Wenn Sie sich in einem der vier Bereiche im Stimmungsraum sehr häufig befinden, dann wird in Ihrem Gehirn das entsprechende neuronale Netzwerk nicht nur aktiviert, sondern auch trainiert.

Stimmungen aktiv zu verändern, das gelingt nicht immer, aber mit ein bisschen Übung immer öfter.

Trockentraining im Stimmungsraum

Dies ist eine ganz einfache Übung, bei der Sie wahrnehmen werden, wie leicht es mitunter sein kann, sich im Stimmungsraum zu bewegen. Wichtig ist natürlich, dass Sie diese Übung tatsächlich auch ausführen, und nicht nur darüber lesen und sie sich vorstellen! Es zahlt sich aus!

Hier folgt nun ein Text aus dem Buch „Momo" von Michael Ende, den Sie bitte nach Möglichkeit gleich jetzt lesen. Am besten wäre es, Sie läsen ihn laut vor und nicht nur still für sich. Wenn die Situation dies nicht zulässt, weil Sie vielleicht im Flugzeug sitzen oder in einem Wartezimmer, dann lesen Sie ihn auch gerne stumm. Einfach einmal lesen.

„Diesen und die folgenden Tage herrschte heimlicher, aber fieberhafter Hochbetrieb in der Ruine. Papier und Töpfe voll Farbe und Pinsel und Leim und Bretter und Pappe und Latten, und was sonst noch alles nötig war, wurde herbeigeschafft. (Wie und woher, wollen wir lieber nicht fragen.) Und während die einen Transparente und Plakate und Umhängetafeln fabrizierten, dachten sich die anderen, die gut schreiben konnten, eindrucksvolle Texte aus und malten sie auf." (Ende 1973).

---

1) Das Online-Lexikon „Echt Wien" beschreibt ein Häferl so: hitziger, leicht erregbarer Mensch (wie ein Topf, der leicht überkocht) („Echt Wien – Wienerisch Wörterbuch und Lexikon – Wiener Ausdrücke und Erklärung", o. J.)

Ich nehme an, Sie haben diesen Text eher neutral gelesen.

2. Durchgang

Lesen Sie nun den Text im Jammertal-Modus: Stellen Sie sich vor, Sie sind in einer sehr gedrückten Stimmung, übertreiben Sie ruhig ein wenig, um es plakativ und anschaulich zu machen: Körperhaltung, Stimmlage, Tempo, alles wird angepasst. Fahren Sie Ihre schauspielerischen Qualitäten hoch und lesen Sie obigen Text bitte nochmal, diesmal gedrückt, verzweifelt.

3. Durchgang

Jetzt lesen Sie den Text noch einmal: Diesmal versetzen Sie sich in eine wütende Stimmung, das heißt, Ihre Stimme wird lauter, der Energielevel hoch. Hier können Sie sich austoben. Es kann Ihnen helfen, sich in die Lage zu versetzen, dass Sie sich soeben unmäßig über jemanden geärgert haben und Sie genau dieser Person nun diesen Text vorlesen. Jetzt gleich.

4. Durchgang

Bevor Sie weiterlesen, sollten Sie ein paar tiefe Atemzüge machen, um die Wut wieder loszuwerden – es war ja nur ein Spiel ☺. Und Sie können sich wohl schon vorstellen, dass jetzt der Turbo-Modus an der Reihe ist: Sie sind wohlgelaunt, sehr aktiviert und motiviert, Sie haben ein hohes Tempo, wirken etwas gehetzt, der Text kann auch zu einer Proklamation werden.

5. Durchgang

Hat Ihnen der energiereiche Turbo-Modus Spaß gemacht?

So, zum Abschluss noch eine genussvolle Runde im Muße-Modus. Vielleicht sehen Sie sich in einem englischen Garten, auf einem Bänkchen neben Rosenstöcken sitzend, und poetisch, sinnlich, weich einem geliebten Menschen vorlesen. Hier sind auch Pausen erlaubt und erwünscht.

Lassen Sie sich darauf ein. Ein bisschen Übertreibung kann nicht schaden.

||||||||||||||||||||||||||||||||||||||||||||||||||||||||||||||||||||||||||||||||||||||||||||||||||||||||

Wenn Sie die Übung durchgeführt haben, werden Sie am eigenen Leib erfahren haben, wie unterschiedlich ein und derselbe Text erlebt werden kann. Wie sehr Ihre Körperhaltung, Ihre Stimmlage, Ihr Tempo den Text emotional gefärbt haben. Wie gut Sie das steuern konnten. Es ist wie ein Trockentraining, damit Sie auch in Ihrem Leben immer wieder steuernd eingreifen können und selbst bestimmen können, welchen „emotionalen Farbton" eine Situation für Sie hat.

Nehmen Sie wahr, wie es Ihnen geht

Veränderungen in unserer Gefühlswelt erfordern zwei Schritte.

Der erste Schritt und die erste Voraussetzung ist unsere Selbstwahrnehmung: „Welches Gefühl habe ich?", „Wo befinde ich mich im Stimmungsraum?"

Nun stellt sich die Frage, ob ich mit dem vorhandenen Gefühl zufrieden bin oder ob ich etwas verändern möchte. Wie würde ich mich gern fühlen? Dann kann ich gegebenenfalls in einem zweiten Schritt das Gefühl aktiv verändern und mir überlegen: „Welche Strategie wende ich an?"

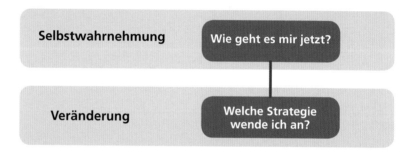

Diese Selbstwahrnehmung muss mitunter erst geübt werden. Für so manche ist die Fähigkeit der Selbstwahrnehmung keine Selbstverständlichkeit. Wenn ich meine Gefühle nicht wahrnehme oder nicht wahrnehmen kann, besteht die Möglichkeit, über die Körperwahrnehmung einen Zugang zur Gefühlswelt zu finden. Aus unserer Praxis wissen wir, dass viele Menschen oft so sehr in ihrem Tun verhaftet sind – und damit auch in Ihren Gedanken –, dass sie auf die Körperwahrnehmung einfach vergessen oder sie sogar verlernt haben. So werden körperliche Warnsignale übersehen.

Selbstwahrnehmung ist wichtig!

Falls Sie glauben, dass in der Arbeitswelt Emotionen unangebracht, überflüssig und zu negieren sind, so irren Sie sich. Emotionen sind in unserem Alltag von großer Bedeutung und nicht nur reine Gefühlsduselei.

Emotionales Unwissen ist teuer

Wir unterscheiden gerne zwischen rationalen und emotionalen Prozessen, als wären es zwei Konkurrenten: Bei wichtigen Entscheidungen wird gerne empfohlen, „rational" zu denken, Emotionen sollten nach Möglichkeit „ausgeschaltet" werden. Dabei gehören diese beiden Prozesse zusammen. „In Wirklichkeit überschneiden sich die Systeme des fühlenden Gehirns oft mit denen des rationalen, denkenden." (Davidson und Begley 2016)

Ein Leben ohne Gefühle?

Fehlende Gefühle gefährden unsere Rationalität und erschweren (!) Entscheidungen. Der portugiesisch-amerikanische Neurowissenschaftler Antonio Damasio beschreibt seine Erfahrungen mit seinem Patienten Elliott, der aufgrund einer Stirnhirnschädigung tatsächlich nicht in der Lage ist, Gefühle zu empfinden. In einer Versuchsanordnung wird Elliott mit einer Situation konfrontiert und aufgefordert, verschiedene mögliche Handlungen und deren Konsequenzen aufzuzählen. Elliott bewältigt diese Aufgabe problemlos, doch das ermöglicht ihm noch nicht, aus der Vielzahl an Handlungsmöglichkeiten eine geeignete auszuwählen. So konnte Elliott zwar eine Reihe von Varianten nennen, die allesamt auch vernünftig und durchführbar waren, anschließend fügte er aber hinzu: „Und trotzdem wüsste ich nicht, was ich tun sollte!" (Damasio 2004)

Das Bauchgefühl ignorieren? Ein risikoreiches Unterfangen!

Gefühle ermöglichen es uns, verschiedene Handlungsalternativen zu bewerten, einzuschätzen, ob sie positive oder negative Konsequenzen für uns hätten. Erst unsere Gefühle machen Entscheidungen überhaupt möglich. „Das zeichnet die Wirkung des Gefühls während der gesamten Evolution aus: Es ermöglicht den Lebewesen, gescheit zu handeln, ohne gescheit denken zu müssen." (Damasio 2004) Wenn wir unsere Gefühle ignorieren, nehmen wir uns unsere Entscheidungsfähigkeit. „Wem die emotionalen Signale entgehen, der trifft auch nicht die klügsten Entscheidungen." (Frazzetto 2014) Wenn Sie Ihre Selbstwahrnehmung trainieren, so trainieren Sie übrigens Ihren rechten vorderen Inselcortex. In dieser Gehirnregion fließen Informationen aus dem Körper zusammen, Sie spüren, wie es Ihnen geht, und nehmen Gefühle wahr (Craig 2009). Studien konnten zeigen, dass Personen, die sich selbst besonders gut wahrnehmen, auch einen größeren Inselcortex haben (Critchley et al. 2004).

Schlagwort: Entscheidungen

Nackte TATSACHE

Selbstwahrnehmung beginnt beim Körper

Die Körperwahrnehmung ist ein wichtiger erster Schritt, um sich seiner Emotionen bewusster zu werden. Daher ist es oft auch in der psychotherapeutischen Praxis ein hilfreicher Einstieg, die Aufmerksamkeit ganz auf körperliche Empfindungen zu lenken. Allein dadurch können sich Emotionen schon verändern.

||||||||||||||||||||||||||||||||||||||||||||||||||||||||||||||||||||||||||||||||||||||||||||||||||||||||||||||||||||||

Bodyscan kompakt

Zu dieser Übung gibt es eine akustische Anleitung in unserer App.

Bei dieser Übung wandert Ihre Aufmerksamkeit durch den ganzen Körper. Systematisch. Lassen Sie sich Zeit und seien Sie geduldig mit sich. Falls Ihre Aufmerksamkeit manchmal zwischendrin nachlässt und sich andere Gedanken aufdrängen, nehmen Sie die Beobachterrolle ein und stellen Sie sich vor, dass die Gedanken wie Wolken am Himmel vorbeiziehen, während Sie die Aufmerksamkeit ganz gezielt wieder zu Ihrem Körperscan lenken.

Schließen Sie Ihre Augen für fünf Minuten (wenn Sie sich mehr Zeit dafür nehmen wollen, umso besser!) und machen Sie einen Bodyscan, beginnend bei der Atmung: Wie ist Ihre Atmung in diesem Augenblick? Haben Sie eine tiefe oder eine flache Atmung? Wie viel Luft gönnen Sie sich? Beobachten Sie Ihren Atem, ohne ihn zu verändern, hier geht's nur um das Wahrnehmen.

Dann richten Sie die Aufmerksamkeit auf Ihren Nacken- und Schulterbereich. (Stress macht sich dort sehr gern bemerkbar.) Wie fühlt sich die Muskulatur in diesem Bereich an. Entspannt? Angespannt? Verkrampft? Lassen Sie Ihre Schultern sinken, genießen Sie das Loslassen.

Die Haltung: Ist Ihr Körper aufrecht oder gebeugt? Ist Ihr Kopf gerade, seitwärts geneigt oder eher gesenkt? Bei Bedarf können Sie Ihre Haltung ändern und ein wenig experimentieren, was sich für Sie gerade gut anfühlt.

Und dann noch Ihr Gesicht: Richten Sie die Aufmerksamkeit auf Ihre Gesichtsmuskulatur. Haben Sie die Stirn gerunzelt? Sind Ihre Lippen entspannt? Wie sieht es mit der Augenmuskulatur aus? Sind die Augen fest zugekniffen oder entspannt geschlossen? Und die Kiefermuskulatur? Wie geht es der? Wenn Sie Anspannungen entdecken, so können Sie diese nun ganz bewusst lösen. Abschließend geht Ihre Aufmerksamkeit noch einmal zur Atmung. Sie können nachspüren, wie die Luft ein- und wieder ausströmt. Noch ein paar tiefe, entspannte Atemzüge, bis Sie dann allmählich und behutsam die Aufmerksamkeit wieder nach außen richten.

Bodyscan XL

Wenn Sie etwas mehr Zeit zur Verfügung haben, dann können Sie Ihren Körper ausführlicher durchscannen. Zum Starten verfahren Sie wie in der Übung oben beschrieben, dann lenken Sie den Fokus Ihrer Selbstwahrnehmung weiteren Körperbereichen zu: Sie können bei den Fußsohlen beginnen und mit der Aufmerksamkeit aufwärtswandern: Wie fühlen sich die Füße an? Sind sie warm oder kalt? Sind sie in Schuhe eingezwängt oder haben sie ausreichend Platz? So wandert die Aufmerksamkeit langsam den Körper hoch: zu den Unterschenkeln, zu den Knien, zu den Oberschenkeln. Sie spüren nach, an welchen Stellen Sie Ihr momentanes Sitzen oder Liegen wahrnehmen können. Wo überall haben Sie Kontakt zu

Stuhl, Sofa oder Bett? Wie fühlt sich Ihr Bauch gerade an? Können Sie Ihre Atmung auch am Heben und Senken der Bauchdecke wahrnehmen? Wie fühlen sich Ihre Arme an? Ihre Hände? Genießen Sie den achtsamen Blick auf Ihren Körper, und genießen Sie das Zur-Ruhe-Kommen Ihrer Gedanken.

|||||||||||||||||||||||||||||||||||||||||||||||||||||||||||||||||||||||||||||||||||||||||||||||||||||||||||||||||

Der regelmäßige Bodyscan

Vor allem vielbeschäftigte Menschen sind oft so intensiv im Tun, dass Körpersignale gar nicht realisiert werden. So wird häufig ein Durst- oder Hungergefühl übersehen und ganz besonders auch das Bedürfnis nach einer kleinen Pause.

Sie können Ihre Körperwahrnehmung trainieren, am besten regelmäßig. Stellen Sie sich mehrmals täglich einen Wecker und nehmen Sie das Signal zum Anlass, in Ihren Körper hineinzuspüren: Wie geht es mir jetzt?

Das Übersehen/Überspüren von Signalen kann sich langfristig massiv rächen. Nicht nur auf körperlicher Ebene, sondern auch in Bezug auf das seelische Wohlergehen. Wenn kleiner Ärger nicht wahrgenommen wird, so kann dies zur Folge haben, dass sich die kleinen Ärgernisse addieren und sich ganz allmählich das Pulverfass füllt, das sich dann bei einem nichtigen und oft unangemessenen Anlass in einem Verzweiflungs- oder Wutanfall entlädt. Doch dazu später mehr.

Je geübter Sie in Ihrer Körperwahrnehmung sind, umso leichter wird es Ihnen fallen, sich Ihrer Gefühle bewusster zu werden. Diese zeigen sich ja über körperliche Symptome. So birgt Angst Herzklopfen und Verflachung der Atmung in sich, Entspannung äußert sich in einer ruhigeren Atmung, Traurigkeit manifestiert sich in einer gebeugten Körperhaltung ... Viele kleine Puzzleteile fügen sich zusammen und bieten Ansatzpunkte, etwas zu verändern.

Bewegen Sie sich im Stimmungsraum

Das Ziel dieser Überlegungen besteht darin, bewusst zu machen, dass Sie selbst aktiv auf Ihre Position im Stimmungsraum Einfluss nehmen können. Wenn Sie Handlungsbedarf erkennen, Ihre aktuelle Stimmung zu verändern, so können Sie nun auf verschiedenen Ebenen ansetzen, um sich im Stimmungsraum „zu bewegen":

▶ Das Denken: Kognitive Strategien
▶ Das Fühlen: Körperliche Strategien
▶ Das Tun: Behavioristische Strategien
▶ Das große Ganze: Ganzheitliche Strategien

Das Denken: Kognitive Strategien
================================

Das Denken: Kognitive Strategien

Sie können Ihre Stimmung über Ihr Denken beeinflussen. Denken Sie zurück an die Stimmungsachse (siehe S. 8). In diesem Abschnitt haben Sie erfahren, dass emotionale Befindlichkeiten bewusster gemacht werden und im Bedarfsfall geändert werden können. Die Idee, Stimmungen räumlich darzustellen, kann da sehr hilfreich sein, weil so die Entscheidungsfreiheit plakativ veranschaulicht wird. Sie haben dadurch den Vorteil, dass Ihnen Stimmungen – die manchmal zu Gewohnheiten geworden sind – bewusster werden und dass Sie den Stress in Ihrem Leben aktiv reduzieren können. Aus der Stressforschung weiß man, dass in den meisten Fällen nicht der Reiz den Stress auslöst, sondern unsere Bewertung des Reizes.

Nackte TATSACHE

Haben Sie Lust auf einen Bungee-Jump?

Ein Bungee-Jumper in der Luft: Ein und dieselbe Situation löst bei einer Person Stress aus, bei einer anderen nicht.

Ein und dieselbe Situation löst bei einer Person Stress aus, bei einer anderen nicht.
Woran liegt das?
Nach dem amerikanischen Psychologen Richard Lazarus – einem Pionier der Stressforschung – sind es meist nicht die tatsächlichen Reize der Umwelt, die den Stress auslösen, sondern es ist deren Einschätzung bzw. Bewertung durch die Person (Lazarus 1994). Welche Möglichkeiten habe ich, mit dieser Situation umzugehen?

Der Säbelzahntiger lässt grüßen

Evolutionstheoretisch betrachtet, ist die >>>

Stressreaktion eine Überlebensreaktion. Wenn der Säbelzahntiger um die Ecke kam, so gab es die Möglichkeit, zwischen Flucht, Kampf oder Totstellen zu wählen. Mit diesen Verhaltensmustern korrelieren auf der emotionalen Ebene die Gefühle Angst, Wut und Resignation.

Auch in der heutigen Zeit gibt es Reize, die das Überleben gefährden und ein reflexartiges Verhalten zur Folge haben: Unfall, Schock, plötzlicher starker Lärm. Auch hier reagiert der Körper reflexartig, also ohne unser bewusstes Zutun.

Sehr viele Reize in unserem Alltag bedrohen nicht direkt unsere Existenz, wir sind häufig eher emotionalen als physischen Angriffen ausgesetzt. Das sind Situationen, die einen Verlust von Kontrolle bedeuten, die den Selbstwert gefährden, die den persönlichen Status angreifen, die wider unsere Wertvorstellungen sind oder die zwischenmenschliche Beziehungen gefährden.

In vielen Fällen müssen wir nicht reflexartig handeln. Wir haben die Möglichkeit, bewusst zu reagieren, und das ist ein großer Unterschied. Ein Reflex erfolgt automatisch, ohne mein bewusstes Zutun. Eine Reaktion hat im Unterschied dazu eine Bewertung zwischengeschaltet und ermöglicht einen Verhaltensspielraum.

Der Unterschied zwischen Reflex und Reaktion liegt in der Bewertung.

Indem die Bewertung des Reizes verändert wird, können wir in einem gewissen Ausmaß – auf der kognitiven Ebene – die Stressreaktion mildern oder sogar vermeiden. Ein und dieselbe Situation bedeutet für den einen Stress, Panik, Überforderung, der andere kann damit gelassen umgehen oder sieht sie sogar als willkommene Herausforderung und hat Freude daran – eben abhängig von der jeweiligen Bewertung. Während manche einen Bungee-Jump herbeisehnen, löst allein die Vorstellung davon bei anderen schon Schweißausbrüche aus.

Schlagwörter: Bewertung, Reaktion Reflex, Reiz, Stress

Wie wäre es mit einem Beispiel aus unserem täglichen Leben? Stellen Sie sich vor, Sie stehen im Stau. Sie können komplett entnervt im Stau stehen, oder aber Sie kommen zu der Erkenntnis: „Ich kann das sowieso nicht ändern. Es ist jetzt so. Wenn ich mich aufrege, komme ich auch nicht schneller voran." Dies ist die Position der Akzeptanz.

Oder aber Sie nutzen die Zeit für sich, erledigen Telefonate, denken an den nächsten Urlaub oder machen eine Atemübung. Sie können sich nun drei Menschen vorstellen, die nebeneinander im Stau stehen: der Genervte, der Entspannte und der Glückliche. Alle drei kommen zugleich am Ziel an. Aber in sehr unterschiedlicher Verfassung. Sie haben für ein und denselben Reiz (Stau) unterschiedliche *Bewertungen*, daraus resultierend unterschiedliche *Verhaltensweisen* und wiederum daraus resultierend unterschiedliche *emotionale Verfassungen*. So ist es sinnvoll, auf der Bewertungsebene anzusetzen, sich diese bewusster zu machen und hier steuernd einzugreifen. Eine hochwirksame und manchmal leichtere, manchmal schwierigere Aufgabe. Aber mit ein bisschen Übung können Sie da sehr viel bewirken. Wenn Ihr innerer Buddha einmal etabliert ist, ein leichtes Spiel (siehe auch „Little Buddha", S. 45).

Beobachten Sie sich doch einmal in der nächsten ärgerlichen Situation: Gelingt es Ihnen, Ihre Bewertung zu verändern und damit dem Stress zu entkommen? Sehr oft ist die Selbstreflexion schon ein verändernder Schritt. Der Blickwinkel auf sich selbst ermöglicht einen Perspektivenwechsel, der hilfreich ist, sich ein Stückchen weit von der eigenen Emotionalität zu lösen.

Also positiv denken? Ganz ehrlich: Mich persönlich nerven so Aufforderungen wie „Denk positiv!" oder „Denk doch an etwas anderes!". Wenn mir das Leben Zitronen gibt, helfen mir weder Eiswürfel und Zucker noch Tequila und Salz: Manchmal ist das Leben einfach ungerecht, überfordernd oder tieftraurig, eine rosarote Brille aufzusetzen erscheint mir dann unsinnig.

Das stimmt. Die rosarote Brille geht mir auch auf die Nerven, weil im Leben nicht alles rosa ist. Es ist auch nicht das Ziel der Übung, alles schönzureden. Dennoch können wir über Gedanken unsere Emotionen beeinflussen. Da findest du sicher Studien dazu.

Stimmt, da gibt's sogar einiges.

Die Macht Ihrer Gedanken

Studien zeigen, dass wir tatsächlich in der Lage sind, unsere Stimmung gedanklich zu beeinflussen. Dieser Einfluss reicht sogar so weit, dass selbst die Symptome psychiatrischer Erkrankungen vermindert werden können, wenn wir die richtigen kognitiven Strategien einsetzen.

So wurden beispielsweise Patientinnen und Patienten, die an Zwangsstörungen litten, darin geschult, ihre Symptome zu beobachten und neu zu bewerten. Sie formulierten Gedanken wie „Mein Gehirn produziert gerade Zwangsgedanken. Ich weiß, dass das nicht echt ist. Ich weiß, das sind Auswirkungen gestörter Nerven-

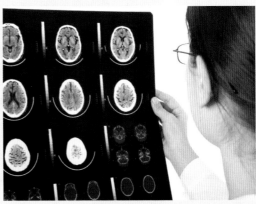

Die Macht Ihrer Gedanken: Kognitive Strategien führen zu Veränderungen im Gehirn.

Nackte TATSACHE ▲▲▲ ▲▲ ▲

verknüpfungen.". Die betroffenen Personen lernten so, ihre Zwänge besser zu kontrollieren. Verbesserungen zeigten sich nicht nur subjektiv, sondern konnten sogar mithilfe bildgebender Verfahren sichtbar gemacht werden. In fMRT-Aufnahmen zeigte sich im Zentrum der Zwangsgedanken, dem frontalen Cortex, eine geringere Aktivität (Schwartz und Begley 2009).

Ein ähnlicher Effekt wurde bei Depressionspatienten beobachtet. Sie vermochten mithilfe kognitiver Strategien Phasen des Grübelns und das Gefühl der inneren Leere zu reduzieren (Goldapple K et al. 2004). Nicht nur in der Behandlung von psychiatrischen Erkrankungen, sondern auch im ganz gewöhnlichen Alltag ist die Macht der Gedanken messbar. Eine aktuelle Meta-Analyse zeigt: Es ist möglich, Optimismus zu trainieren (Malouff und Schutte 2016). Verschiedene kognitive Strategien konnten die Stimmung der Versuchspersonen heben. Und so ganz nebenbei förderten sie auch die physische und psychische Gesundheit.

Schlagwörter: kognitive Strategien, Neuroplastizität, Depression, präfrontaler Cortex

Es ist reine Übungssache, zum Beobachter der eigenen Gedanken zu werden. Und je geübter Sie darin sind, umso eher können Sie über die Gedankenbeobachtung auch zu einer Gedankenveränderung gelangen und damit auch zu einer Veränderung Ihrer Gefühle.

Das Fühlen: Körperliche Strategien

Unterschiedliche Emotionen finden in der Körpersprache ihren Niederschlag. Wir sehen einem Menschen an der Mimik, an der Haltung, an der Gangart recht gut an, wie er sich gerade fühlt.

Ein Beispiel: Sehen Sie sich die Gesichter von Fußballfans an. Wenn ein Tor fällt, ist sofort an der Mimik (und nicht nur daran) sichtbar, ob der Betroffene ein Fan der Torschützenmannschaft ist oder von deren Gegnern. Emotionen finden ihren Ausdruck in der Körpersprache. Und das Geniale ist: Das gilt auch umgekehrt. Sie können über Ihre Körpersprache Ihre Stimmung beeinflussen.

Nackte TATSACHE ▲ ▲ ▲ ▲

Lächle und sei froh?!

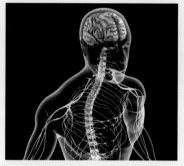

Über zahlreiche Nervenverbindungen sendet unser Gehirn Informationen an den Körper – und erhält auch wieder Informationen zurück. Gehirn und Körper sind eine Einheit. Die Methode des Bodyfeedbacks nützt dieses Wechselspiel.

Unsere Mimik wird durch Emotionen automatisch beeinflusst. Der angsterfüllte Blick beim Erkennen einer Gefahr und das spontane Lächeln, wenn uns eine geliebte Person begegnet – diese Gesichtsausdrücke entstehen im limbischen System, dem Gefühlszentrum unseres Gehirns, ganz ohne unser bewusstes Zutun.

Um den Zusammenhang zwischen Mimik und Gefühlen zu untersuchen, hat der Anthropologe und Psychologe Paul Ekman seine eigene Gesichtsmuskulatur einem aufwendigen Training unterworfen und gelernt, die einzelnen Muskeln unabhängig voneinander aktiv zu steuern, um – ähnlich einem guten Schauspieler – verschiedenste Gesichtsausdrücke aktiv hervorrufen zu können. Dabei machte er eine überraschende Beobachtung: Wann immer es ihm gelang, eine Miene perfekt darzustellen, führte das zu einer starken Gefühlsregung.

Er empfand die dazupassende Stimmung, ein Phänomen, das der Wissenschaftler „Facial Feedback" nannte. Wir können über unseren Körper unsere Empfindungen steuern. „Durch gezielten Einsatz unserer Skelettmuskulatur, die der willentlichen Kontrolle gut zugänglich ist, können wir unsere Emotionen beeinflussen, welche willentlicher Kontrolle normalerweise nur bedingt zugänglich sind." (Storch et al. 2010) Wer lächelt, sieht die Welt in einem positiveren Licht, eine gebückte Körperhaltung drückt auch unsere Stimmung, und wer schnell und flach atmet, regt sich rascher auf.

Schlagwörter: Bodyfeedback, Facial Feedback, körperliche Strategien

Erfahren Sie hier, wie es funktioniert, die Stimmung über den Körper zu steuern!

|||||||||||||||||||||||||||||||||||||||||||||||||||||||||||||||||||||||||||||||||||||||||||||||||||||||||||||||||||

Gehen Sie durch den Stimmungsraum

Jetzt sind Sie eingeladen, Ihre Gangart zu variieren und dabei zu beobachten, wie sich das jeweils auf Ihre Stimmung auswirkt. Nehmen Sie sich für dieses Selbstexperiment mindestens zehn Minuten Zeit. Sie beginnen damit, dass Sie ein Stück weit gehen, so wie Sie üblicherweise gehen, und dabei die Aufmerksamkeit darauf richten, wie Sie gehen: Wie ist Ihre Haltung, die Schrittlänge, das Tempo? Schwingen Ihre Arme mit? Sind Ihre Knie weich oder eher steif?

In einem zweiten Durchgang verändern Sie nun nach und nach eine Variable und beobachten jeweils, was das in Ihnen auslöst. Was macht es mit Ihnen, wenn Sie Ihre Schrittlänge ein bisschen verkleinern? Wenn Sie das Tempo erhöhen? Verlangsamen? Wie wirkt es sich aus, wenn Sie Ihre Arme mitschwingen lassen? Wie fühlt es sich an, wenn Sie immer wieder einen Wechselschritt einlegen oder sogar einen kleinen Hüpfer?

Identifizieren Sie Ihre persönlichen Varianten! Spielen Sie mit den unterschiedlichen Gangarten.

|||||||||||||||||||||||||||||||||||||||||||||||||||||||||||||||||||||||||||||||||||||||||||||||||||||||||||||||||||||||||||||

Übung macht den Meister

Sie sehen hier zwei Fotos einer lächelnden Person, welche Variante finden Sie sympathischer?

© Fotos: Bettina Volke, Darstellung von echt erlebter Freude und einem sozialen Lächeln aus dem Mimikresonanz®-Training nach Dirk W. Eilert

Die meisten Personen entscheiden sich spontan für das rechte Foto, doch warum? Bei näherem Hinsehen wird Ihnen sicher der feine Unterschied auffallen. Auf dem rechten Bild lächeln die Augen mit! Paul Ekman bezeichnet dieses rechte Lächeln als „echtes" Lächeln oder auch „Duchenne-Lächeln", benannt nach dem Anatomen, der die Augenringmuskulatur als Erster beschrieben hat: Guillaume-Benjamin Duchenne. Je besser es uns gelingt, genau den Gesichtsausdruck und die Körperhaltung einer bestimmten Stimmung einzunehmen, desto eher tritt der Effekt des Bodyfeedbacks ein (Storch et al. 2010). Daher: Übung macht den Meister.

Schlagwörter: Bodyfeedback, Duchenne-Lächeln, Facial Feedback, körperliche Strategien

Eine Körperhaltung oder Bewegung, die nicht zu uns passt, wirkt gekünstelt, möglicherweise sogar unsicher. Stellen Sie sich einen Redner vor, der offensichtlich gerade aus einem Körperspracheseminar kommt. Er gestikuliert steif mit stur eintrainierten Gesten und wirkt nicht authentisch. Vielleicht kennen Sie das Gefühl, dass Sie selbst sich in Ihrer Haut nicht wohlfühlen, dass sich eine Körperhaltung oder Geste für Sie nicht stimmig und natürlich anfühlt? So wie ein unpassendes Kleidungsstück. Die Methode des Bodyfeedbacks funktioniert nur, wenn Sie Ihre natürliche Ausdrucksweise kennen und diese bewusst einnehmen können.

Nackte TATSACHE ▲▲▲

Entdecken Sie – mithilfe der Übungen in diesem Buch – Ihren ganz persönlichen Weg, Ihre Stimmung über Ihren Körper zu beeinflussen: die individuelle Körperhaltung, Gangart und Gestik, die Ihr Wohlbefinden steigern.

Das Tun: Behavioristische Strategien

Auch auf der Verhaltensebene können Sie ansetzen, um Ihre Stimmung zu verändern. Der Lebensstil, Alltagsrituale, eben alles, was Sie *tun*, beeinflusst Ihr Befinden. Es macht einen großen Unterschied, ob Sie Ihren Frühstückskaffee im Stehen hinunterkippen und vielleicht im Gehen noch ein Kipferl essen oder ob Sie sich die Zeit nehmen, ein kleines Frühstück zu genießen.

Kipferl, das ist jetzt österreichisch.
Na, aber das kennt sicher jeder.
Wir könnten aber auch Croissant schreiben?
Theoretisch schon.

Nackte TATSACHE ▲ ▲ ▲

Wo ist Ihr Jungbrunnen?

Ein Forscherteam der Harvard University unternahm ein hochinteressantes Experiment: Acht ältere Männer wurden zu einem einwöchigen Retreat eingeladen. In dieser Woche sollten die Teilnehmer so tun, als wären sie 22 Jahre jünger. Auch die Umgebung wurde für diese Gruppe so gestaltet, wie sie vor 22 Jahren war: Zeitschriften, Radiosendungen, Fernsehshows – alles „so wie damals". Die Idee hinter dieser Versuchsanordnung nennt sich Affordanz. Affordanz ist der Aufforderungscharakter, den Gegenstände oder auch Umgebungen auf uns haben. So wie ein Stuhl dazu auffordert, sich zu setzen, eine Schere dazu animiert, etwas zu schneiden, so wecken auch Umgebungsreize aus unserer Jugend unsere jugendliche Seite.

Das Resultat dieser Verjüngungskur? Die Versuchspersonen fühlten sich nicht nur jünger, ihre Körper zeigten messbare Veränderungen: Das Gehör wurde wieder schärfer, Erinnerungen klarer und die Körperhaltung aufrechter. Die Veränderung hatte nicht nur in ihrem Kopf, sondern auch in ihrem Körper stattgefunden, und die Versuchsleiter konnten beobachten, wie sich auch das Verhalten der Männer veränderte: „Nach Abschluss der Studie spielte ich mit diesen Männern Fußball – sie berührten den Ball zwar nur, aber sie spielten Fußball, und einige von ihnen hatten ihre Gehstöcke weggeschmissen." (Langer in Dispenza 2014)

Schlagwörter: Affordanz, behavioristische Strategien

Ebenso beeinflusst die Umgebung das Wohlbefinden. In der gewohnten Umgebung verhält man sich möglicherweise auch wie gewohnt und fühlt sich auch so – Veränderungen in der Umgebung erleichtern manchmal Veränderungen in der Stimmung.

Verhaltensstrategien bieten sehr viel Spielraum: Was tue ich? Mit wem? Und wo? All dies hat Auswirkungen, die einem erst einmal bewusst sein müssen, damit anschließend Einfluss genommen werden kann. Wie immer gilt: erster Schritt Bewusstwerdung, zweiter Schritt Veränderung.

Verändern Sie Ihre Routinen

Prinzipiell sind Routinen hilfreich, sie erleichtern uns den Alltag ungemein, weil so vieles automatisch ablaufen kann und wir nicht über jeden Schritt, jede Handlung nachdenken müssen. Routinen können Sicherheit verschaffen, weil „Da kenn ich mich aus". Gleichzeitig erhöht sich jedoch die Wahrscheinlichkeit, dass das Leben immer mehr in Alltagsroutinen erstarrt. Somit wird die Zukunft extrem vorhersehbar und der Geist sehr träge.

Es macht wacher und aufmerksamer, wenn wir Routinen immer wieder einmal verlassen. Es kann sehr erfrischend wirken, Automatismen zu durchbrechen und eine Verhaltensweise zu verändern.
Wenn Sie beispielsweise an Ihrem Esstisch eine starre Sitzordnung haben – der Vater immer am gleichen Platz, die Mutter immer am gleichen Platz, die Tochter immer am gleichen Platz –, dann ist es ein Experiment wert, dass sich das Kind einmal auf den Mama-Platz setzt. Sie können auch einfach einmal einen anderen Weg als den üblichen in die Arbeit nehmen und ihre Kollegen anders – und damit bewusster – begrüßen als üblicherweise.
Das kann viel bewirken. Je starrer so ein Muster ist, umso irritierender (im positivsten Sinne) kann sich eine Veränderung auswirken.

Das große Ganze: Ganzheitliche Strategien

In der Realität sind die Bereiche Geist, Körper und Verhalten manchmal gar nicht trennbar. Sie spielen eng zusammen und beeinflussen sich gegenseitig immens – genau das können wir uns zunutze machen.

Sie können zum Beispiel, wenn Sie in schlechter Laune sind (also falls das jemals vorkommt ☺), einen Spaziergang machen. Sie setzen auf der Verhaltensebene an: Sie machen einen Spaziergang.

Jetzt kommt gleich auch der Körper ins Spiel: *Wie* gehen Sie? Schnell oder langsam? Aufrecht oder mit hängenden Schultern?

Dann kommen noch die Gedanken dazu: Grübeln Sie während des Spazierganges, oder denken Sie an etwas Angenehmes? Oder gelingt es Ihnen, die Gedanken abzuschalten und die Umgebung zu genießen?

Alles wirkt aufeinander und das Gesamtpaket – das große Ganze – führt zu einem bestimmten Ergebnis. Trotzdem ist es manchmal hilfreich, das große Ganze in seine Bestandteile zu zerlegen, weil es dann leichter möglich ist, Einfluss zu nehmen und einen Automatismus, eine alte Gewohnheit, ein unreflektiertes Verhalten abzulegen und eine angemessene Reaktion zu entwickeln. Schritt für Schritt. Ob Sie nun über das Denken, das Fühlen oder das Verhalten „einsteigen" – in allen Fällen ist das Ziel der jeweiligen Strategie, eine Veränderung herbeizuführen.

Es gibt auch Strategien die alle Ebenen gleichzeitig nutzen, etwa Meditation: Hier werden

- ▶ das Verhalten – ich meditiere
- ▶ der Körper – ich setze mich aufrecht hin
- ▶ die Gedanken – ich fokussiere auf etwas

gleichzeitig genutzt, um eine innere Kohärenz herzustellen.

Dazu werden Sie im nächsten Kapitel mehr erfahren, beim Thema Neutralpunkt (ab S. 37).

Emotionen sind höchst ansteckend

Der Stimmungsraum im Team

Bisher war der Fokus auf das Individuum gerichtet, aber selbstverständlich haben unterschiedliche Emotionen massive Auswirkungen auf das Miteinander. Wir sind emotional hoch ansteckend!

Je nachdem, ob Sie gut drauf sind, ärgerlich oder traurig, wirken Sie unterschiedlich auf Ihre Umgebung. Und gleichzeitig beeinflusst natürlich die vorherrschende Stimmung der Umgebung auch Ihre emotionale Verfassung.

Dieser Einfluss kann positiv sein: Wir motivieren einander, lachen gemeinsam oder bauen einander auf. Mitunter beeinflussen wir uns gegenseitig aber auch negativ. Dann ist das Zusammensein schwierig und belastend und wir stecken einander mit Ärger, Frust oder Traurigkeit an.

Sie werden in den einzelnen Kapiteln immer wieder auf das Thema „Team" stoßen und erfahren, wie die verschiedenen Emotionen im Team wirken.

Und ... wie geht es Ihnen jetzt? Sitzen Sie entspannt? Haben Sie Durst oder Hunger bekommen oder haben Sie Lust, ein Fenster zu öffnen? Machen Sie es sich gemütlich für das nächste Kapitel und entdecken Sie den Neutralpunkt.

Spiegelneurone spiegeln auch Gefühle

Die Entdeckung der Spiegelneurone war – wie so vieles in der Wissenschaft – ein Zufallstreffer. Der italienische Neurophysiologe Giacomo Rizzolatti untersuchte gemeinsam mit seinem Team den motorischen Cortex von Affen und konnte ableiten, dass bestimmte Nervenzellen immer ein Signal sendeten, sobald die Versuchstiere nach einer Nuss griffen. Eines Tages langte nicht der Affe, sondern einer der Versuchsleiter nach der Nuss. Obwohl der Affe selbst gar keine Bewegung durchführte, reagierten die beobachteten Nervenzellen.

Entsprechende Nervenzellen konnten auch im menschlichen Gehirn nachgewiesen werden. Spiegelneurone werden nicht nur aktiv, wenn wir eine Tätigkeit selber durchführen, sie feuern auch, wenn wir diese Bewegung bei jemand anderem beobachten (Mukamel et al. 2010).

Rizzolatti sieht in den Spiegelneuronen die Erklärung für Empathie und Mitgefühl (Rizzolatti und Sinigaglia 2008). Das genaue Ausmaß der Auswirkungen der Spiegelneurone auf uns und unser Miteinander ist allerdings wissenschaftlich noch nicht im Detail geklärt.

Doch erste Studien deuten darauf hin, dass Spiegelneurone auch auf emotionaler Ebene wirken. Die Nervennetzwerke, die aktiv sind, während wir eine Gefühlsregung bei anderen beobachten, überschneiden sich mit jenen, die wir aktivieren, wenn wir diese Emotion nachahmen (Carr et al. 2003).

Schlagwörter: Empathie, Spiegelneurone, Team

Nackte TATSACHE ▲▲▲

Mich würde jetzt ehrlich gesagt der Turbo mehr interessieren.

Also ich würde dir empfehlen, hier weiterzulesen. Der Neutralpunkt ist das Zentrum des Modells.

Na ja, aber mein Testergebnis hat mich jetzt neugierig gemacht – glaubst du nicht, dass es den Lesern auch so geht?

Na prinzipiell kannst du ja dort weiterlesen, wo es dich hinzieht, es ist nur eine Empfehlung meinerseits.

Warum ist dir denn der Neutralpunkt so wichtig?

Ich werde immer wieder auf den Neutralpunkt verweisen, er ist wirklich ein ganz zentraler Punkt. Egal wo du weiterliest, du wirst auf den Neutralpunkt stoßen.

Beck H, Anastasiadou S, Meyer zu Reckendorf Ch. (2016) Faszinierendes Gehirn, Springer-Verlag Berlin Heidelberg

Carr L, Iacoboni M, Dubeau M-C, et al (2003) Neural mechanisms of empathy in humans: A relay from neural systems for imitation to limbic areas. Proc Natl Acad Sci 100:5497–5502. doi: 10.1073/pnas.0935845100

Craig AD (2009) How do you feel – now? the anterior insula and human awareness.

Critchley HD, Wiens S, Rotshtein P, et al (2004) Neural systems supporting interoceptive awareness. Nat Neurosci 7:189–195. doi: 10.1038/nn1176

Damasio AR (2004) Descartes' Irrtum: Fühlen, Denken und das menschliche Gehirn. List Taschenbuch, München

Davidson R, Begley S (2016) Warum regst du dich so auf?: Wie die Gehirnstruktur unsere Emotionen bestimmt. Goldmann Verlag, München

Dispenza DJ (2014) Du bist das Placebo – Bewusstsein wird Materie. KOHA Verlag

Echt Wien I Wienerisch Wörterbuch und Lexikon – Wiener Ausdrücke und Erklärung. In: http://www.echtwien.at/home/literatur/lexikon/H/861. Accessed 28 Nov 2016

Ende M (1973) Momo, 20. Auflage. Thienemann Verlag, Stuttgart

Frazzetto G (2014) Der Gefühlscode: Die Entschlüsselung unserer Emotionen. Carl Hanser Verlag GmbH & Co. KG

Goldapple K, Segal Z, Garson C, et al (2004) Modulation of cortical-limbic pathways in major depression: Treatment-specific effects of cognitive behavior therapy. Arch Gen Psychiatry 61:34–41. doi: 10.1001/archpsyc.61.1.34

Hebb DO (2005) The organization of behavior: A neuropsychological theory. Psychology Press

Lazarus RS (1994) Emotion and Adaptation, Reprint. Oxford University Press, New York

Mukamel R, Ekstrom AD, Kaplan J, et al (2010) Single-neuron responses in humans during execution and observation of actions. Curr Biol CB 20:750–756. doi: 10.1016/j.cub.2010.02.045

Rizzolatti G, Sinigaglia C (2008) Empathie und Spiegelneurone: Die biologische Basis des Mitgefühls, Deutsche Erstausgabe. Suhrkamp Verlag, Frankfurt am Main

Schwartz JM, Begley S (2009) The mind and the brain. Springer Science & Business Media

Storch M, Cantieni B, Hüther G, Tschacher W (2010) Embodiment. Die Wechselwirkung von Körper und Psyche verstehen und nutzen, 2. Hogrefe, vorm. Verlag Hans Huber, Bern

3. Der Neutralpunkt

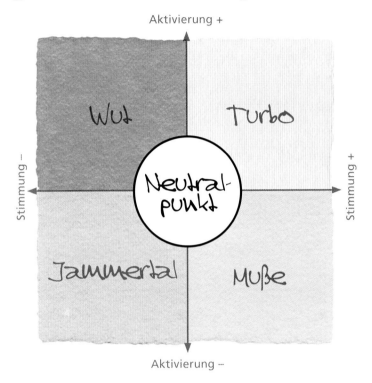

Aktivierung +

Stimmung −

Stimmung +

Wut

Turbo

Neutral-punkt

Jammertal

Muße

Aktivierung −

Der Neutralpunkt ist wie eine Erholungsinsel für Ihre Seele. Sie haben diesen Punkt schon im Kapitel „Vom Stimmungsraum zum Stimmungs*spiel*raum" (ab S. 17) kurz kennengelernt. Dies ist der Punkt, an dem es Ihnen gelingt, sich von Bewertung und Emotion zu befreien. Diesen Punkt näher kennenzulernen, zuerst einmal theoretisch, dann auch praktisch, ist Ziel dieses Kapitels. Er kann zu Ihrem Rettungspunkt werden!

Finden Sie den N-Punkt

Vielen Menschen ist die Möglichkeit, Situationen ganz neutral zu betrachten, völlig fremd, für einzelne sogar befremdlich. Es handelt sich dabei um unbekanntes Land. Umso empfehlenswerter ist es in solch einem Fall, sich näher damit auseinanderzusetzen und Bekanntschaft zu machen mit der Neutralität. Es zahlt sich aus!

Und Sie werden es nicht glauben: Der Neutralpunkt steht auch in einem engen Zusammenhang mit Ihrem Liebesleben. Wenn Sie mit ihm vertraut sind, haben Sie eine hocheffektive Methode zur Stressreduktion parat und lernen außerdem, Ihren eigenen Körper genauer wahrzunehmen! Ihr Sexualleben kann sich massiv verschlechtern oder sogar zum Erliegen kommen, wenn Sie allzu gestresst sind oder sich gar selbst nicht mehr spüren ☺.

Nackte TATSACHE ▲▲▲

Tote Hose?

Liebe, Erregung und Lust … unsere Empfindungen haben ein Äquivalent im Gehirn (Näheres dazu finden Sie unter anderem in den nackten Tatsachen „Das Gehirn im Jammertal", S. 115, „Dopamin, Workaholics und das verliebte Gehirn", S. 59, und „Wenn Schmerzen euphorisch machen", S. 130). Botenstoffe wie Serotonin, Dopamin und die Endorphine steuern unser Lustempfinden und damit auch unser Sexualleben. Wenn mit unserer Psyche auch die Transmitter aus dem Gleichgewicht geraten, ist häufig ebenso die Potenz betroffen. Sucht, Depression, psychische Erkrankungen, aber auch Psychopharmaka können so zu Lusttötern werden.

Lustlosigkeit entsteht im Kopf

Das Risiko für eine erektile Dysfunktion steigt mit dem Alter, trotzdem sind immer häufiger auch junge Menschen betroffen. Denn Erektionsstörungen und Orgasmusschwäche haben häufig psychische Ursachen (Rajiah et al. 2013).

Soziale und emotionale Schwierigkeiten führen dazu, dass aus Lust Frust wird und vor allem lang anhaltender Stress gefährdet unser Sexualleben. Eine Posttraumatische Belastungsstörung verdreifacht das Risiko einer erektilen Dysfunktion (Breyer et al. 2014).

Die negativen Effekte von Stress werden durch zusätzliche Einflüsse verstärkt. Denn Stress erhöht das Risiko für Bluthochdruck, Herz-Kreislauf-Erkrankungen, Alkoholismus, übermäßigen Nikotinkonsum und Übergewicht, die Potenzprobleme verursachen bzw. verstärken.

Schlagwörter: erektile Dysfunktion, Orgasmusschwäche, Potenzschwäche, Stress

Der Neutralpunkt kann Ihnen helfen, Stress zu reduzieren, indem Sie Situationen, die nicht veränderbar sind, annehmen. Ich neutralisiere mich, meine Gedanken und somit auch meine Emotionen. Ich nehme die Gegebenheiten an. Speziell in Situationen, die ich nicht verändern kann, ist das schlau.

Wenn ich beispielsweise im Stau stehe, so kann ich daran nichts ändern. Ich kann nur meine Bewertung des Staus ändern, meinen Umgang mit der Situation. Sie erinnern sich? Stress entsteht meist nicht durch einen Reiz, sondern durch die Bewertung des Reizes (siehe „Nackte Tatsache: Haben Sie Lust auf einen Bungee-Jump?", S. 26). Ich kann mich im Stau stehend in die Situation hinein-steigern, nervös sein, ausrasten, oder ich komme zur Einsicht, dass das nun rein gar nichts nutzt, weshalb ich die Situation als gegeben hinnehme. Ich neutrali-siere mich über:

▶ die Gedanken: Es ist so, ich kann es nicht ändern, ich akzeptiere es;
▶ den Körper: Ich richte die Aufmerksamkeit auf meinen Atem;
▶ das Verhalten: Ich nutze die Zeit und lege eine Hör-CD ein.

Mit dieser gelassenen Haltung der Akzeptanz kann man sich das Leben in so mancher Situation erleichtern und unnötigen Ärger vermeiden.

Das soll ja nicht heißen, dass ich gar nicht mehr werte, dass ich alles hinneh-me, dass ich keine Energie mehr aufwende, um Missstände zu verbessern, mich auf keine Konflikte mehr einlasse. Keineswegs! Es geht eher darum, Unveränderbares anzunehmen und vor allem bewusster wahrzunehmen und zu steuern, wann ich mich ärgere und wann nicht, anstatt unreflektiert und automatisiert in jede Ärger-Falle zu stolpern. Das kann immens viel Energie sparen und das Leben leichter machen.

Ein Leben im Neutralpunkt? Ist das nicht total langweilig?
Ja, das wäre schrecklich. Das wäre das Langweiligste der Welt. Es ist sicherlich nicht das Ziel, das Leben ausschließlich im Neutralpunkt zu verbringen. Es ist ja manchmal sehr spannend und weckt die Lebensgeister, im Turbo-Modus zu sein, erfolgreich zu sein, etwas zu leisten. Manchmal ist es auch gut, in der Muße zu sein, zu entspannen, zu genießen.
Aber Wut und Jammertal könnte ich halt auslassen.
Na ja, auch Ärger und Kummer gehören dazu. Sonst wäre unsere Stimmungskurve eine Nulllinie, klingt langweilig. Ohne Tal gibt es auch keinen Berg. Ohne unten kein oben.
Ohne Nichtglück auch kein Glück.

Sie sind nicht, was Sie denken

Kognitive Strategien

Das allseits bekannte Bild vom Wasserglas haben wir ja schon bemüht: Der Pessimist sieht das halbleere Glas, der Optimist hält es für halbvoll. Hier, in diesem Kapitel, behandeln wir den Ansatz, dass die Sichtweise auch neutral sein kann, also weder positiv noch negativ. Die neutrale, sachliche Beschreibung könnte sein: Das Glas ist zur einen Hälfte mit Wasser, zur anderen Hälfte mit Luft gefüllt.

Vielen Menschen ist es eher fremd, der Welt neutral zu begegnen. Sehr oft tendieren wir zu einer Wertung: Etwas ist gut oder schlecht. Sich mit der neutralen Position anzufreunden und sie zu üben, hat mehrere Vorteile:

▶ Negative Gedanken erzeugen unangenehme Emotionen. Wenn es mir gelingt, mich von Negativwertungen zu befreien, befreie ich mich automatisch auch von unangenehmen Emotionen.
▶ Ich kann meinen Stress reduzieren, ich kann ein emotionales Leo[1] schaffen. Eine Ruheoase, die wertungsfrei ist.
▶ Manchmal ist der Neutralpunkt ein wichtiger Zwischenschritt zu einer positiven Sichtweise.

Ich kann mir ehrlich gesagt gerade nicht vorstellen, was du meinst mit „neutral"?
Denk zum Beispiel an letzte Woche, als unser Manuskript in unserem Netzwerk-Ordner einfach verschwunden war.
Ja, zum Aus-der-Haut-Fahren! Drei ganze Arbeitstage! Ein genialer Text. Alles weg.
Und jeder sagt, „Das gibt es nicht", und er ist trotzdem weg!
Okay, erinnere dich nochmal zurück an die konkrete Situation.
Ja, ich koche schon und explodiere möglicherweise gleich.
Und das ist jetzt ein gutes Beispiel. Du warst also drei Tage im Turbo-Modus und hast erfolgreich gearbeitet; jetzt das Ereignis, und es besteht die Gefahr, dass du in die Wut oder ins Jammertal kippst.
Ganz klar Wut! Aber ich kann mir vorstellen, dass jemand anderer in einer solchen Situation verzweifelt und in Selbstmitleid verfällt. Ich ärgere mich halt.
Es gibt aber noch eine andere Möglichkeit, und das ist eben der Neutralpunkt.

---

1) „Im Leo" ist ein Wiener Ausdruck für einen geschützten Bereich. Warum das so heißt, erklärt die Website „Stadtbekannt": „Der Ausdruck geht auf den Leopoldring (Asylring) am Stephansdom zurück. Wer es bis zu diesem Ring schaffte, war im Schutz der Kirche und somit „im Leo" (Stadtbekannt Wien 2016).

Der erste Schritt in dieser Situation ist wie immer die Selbstwahrnehmung. Sie begeben sich auf die Metaebene und wechseln in eine Beobachterrolle. Das ist eine wichtige Voraussetzung, damit die Reaktion nicht automatisiert und reflexartig, sondern bewusst abläuft.

Kennen Sie Frau Neutral?

Bei dieser Neutralisierungstechnik arbeiten wir am Thema rein kognitiv. Wir machen uns die unterschiedlichen Sichtweisen auf unser aktuelles Problem bewusst.

Der Autorin ist also eine wichtige Datei verloren gegangen. Stellen wir uns nun Personen mit verschiedenen Reaktionsmustern in dieser Situation vor.

Frau Negativ ist komplett entnervt. Sie schäumt vor Wut oder ist tief verzweifelt. Dieser Emotion ist sie hilflos ausgeliefert. Sie geht natürlich davon aus, dass alle Texte verloren sind, dass sie die Fertigstellung bis zum gewünschten Termin sicher nicht schafft. In dieser Verfassung hat man sehr leicht Scheuklappen auf, und man nimmt nur mehr das Negative wahr.

Frau Positiv versucht die Situation zu retten. Sie kann beispielsweise relativieren: „Es soll mir in meinem Leben bitte nichts Schlimmeres passieren." Relativieren hilft in den allermeisten Fällen ausgezeichnet, um unangenehme Gefühle zu reduzieren oder sogar loszuwerden! Frau Positiv könnte auch versuchen, etwas Gutes daran zu finden: „Auch wenn die Datei verloren ist, gelingt mir vielleicht im zweiten Versuch sogar ein noch besserer Text. Dieses Ereignis hat sicher auch seine guten Seiten."

Das ist unmöglich! Mit „Denk positiv" bringst du mich in der Situation garantiert auf die Palme! Mir ginge es wohl auch so. Und genau darum hilft dir die neutrale Sichtweise.

Frau Neutral würde die Situation folgendermaßen betrachten: „Dass das passiert ist, ist nicht zu ändern. Es ist eben nun so."

Herr und Frau Neutral können sehr oft die Rettung sein. Die neutrale Sichtweise ermöglicht es, auch emotional neutral zu werden. Mit der Erkenntnis, „Es ist so, ich kann es nicht ändern", schafft man die Basis für Akzeptanz und Gelassenheit. Und wie Sie sehen, diese Umwertung ist ein sehr geeignetes Instrument zur Stressreduktion.

Machen Sie einen Punkt!

Der Punkt ist Ihre Instantmethode für unveränderbare Situationen:
„Es ist so. Punkt."
Das Wichtigste an diesem Satz ist der Punkt. Deshalb wird das Satzzeichen auch explizit ausgesprochen. Das verhindert nämlich, dass noch etwas nachfolgt – kein Wenn, kein Aber.

Wenn der Satz weiterginge, bestünde die Gefahr, dass der Ärger gleich wieder eingeladen wird, sich zu äußern. Mit dem Punkt ist Schluss. Es ist so. Punkt.
Der Punkt hilft in Situationen, in denen ich nichts ändern kann: Wenn es regnet, dann regnet es. Punkt.
Das soll nicht mit Resignation verwechselt werden! Und ist auch kein Aufruf alles hinzunehmen, sondern eher eine Hilfestellung für die Akzeptanz von Umständen, die (derzeit) nicht veränderbar sind.

Kein Besser, kein Schlechter

Wenn uns das wirklich öfter gelänge, das Nichtwerten, wie befreiend das doch wäre! Dann gäbe es kein Besser und kein Schlechter. Malen Sie sich einmal aus, was das bedeuten würde. Ist doch schön, sich dem immer wieder anzunähern.

Der Fels in der Brandung

Körperliche Strategien

Wenn es Ihnen nicht gelingt, die Situation neutral zu bewerten, oder diese Strategie allein nicht ausreicht, so haben Sie die Möglichkeit, sich auf der körperlichen Ebene dem Neutralpunkt anzunähern.
Die Atmung ist ein ganz zentraler Weg, um über den Körper für eine umfassende Beruhigung zu sorgen. Atemübungen brauchen nicht zwingend viel Zeit. Sie können sie leicht in den Alltag einbauen und mit ein paar wenigen bewussten Atemzügen schon etwas bewirken. Natürlich ist es fein, wenn Sie sich ab und zu auch einmal mehr Zeit nehmen, um mit einer ausgiebigeren Praxis mehr Wirkung zu erzielen.
Lesen Sie zuerst die Anweisung, und stellen Sie sich dann einen Wecker auf die gewünschte Zeit, damit Sie sich ganz auf die Übung einlassen können und Ihr Arbeitsgedächtnis nicht parallel damit beschäftigt ist, den Zeitwächter zu spielen. Hier sind zwei Varianten, probieren Sie aus, welche Ihnen mehr liegt.

|||||||||||||||||||||||||||||||||||||||||||||||||||||||||||||||||||||||||||||||||||||||||||||||||||

Wie mein Körper atmet

Zu dieser Übung gibt es eine akustische Anleitung in unserer App.

Sie schließen Ihre Augen und richten die Aufmerksamkeit ganz auf Ihre Atmung, ohne sie vorerst zu verändern. Einfach nur beobachten: wie Sie einatmen und wieder ausatmen. Und nun wandert Ihre Aufmerksamkeit durch Ihren Körper und Sie können wahrnehmen, wo überall der Atemvorgang zu beobachten ist: Wie sich Ihre Rippenbögen heben und wieder senken, wie sich Ihre Bauchdecke hebt und wieder senkt, vielleicht nehmen Sie allmählich wahr, dass Ihre Atmung ruhiger und tiefer wird. Sie können spüren, wie Ihr Atem durch die Nase ein- und wieder ausströmt. Sie können allmählich Ihre Atmung ein bisschen vertiefen. Gönnen Sie sich Zeit, Ihre Aufmerksamkeit vollkommen der Atmung zu schenken.

Die Atempause

Um die Aufmerksamkeit noch mehr zu fokussieren, können Sie auch immer wieder ganz bewusst eine Atempause einlegen. Das macht die Übung intensiver und erhöht die Wahrscheinlichkeit, dass sich keine anderen Gedanken in Ihr Hirn einschleichen. Sie konzentrieren sich anfänglich wieder auf Ihre Atmung, nehmen das Ein- und Ausatmen bewusst wahr. Einatmen – ausatmen. Dann machen Sie nach jedem Ausatmen eine kleine Pause. Sei atmen ein – Sie atmen aus – Sie machen eine Pause. Vielleicht wollen Sie dabei bis drei oder bis fünf zählen, dann atmen Sie wieder ein – atmen aus – Pause …

Die Übung soll angenehm sein! Also machen Sie die Pause bitte in einer Länge, die Ihnen keinen körperlichen Stress verursacht, sondern zu einer erwünschten Verlangsamung beiträgt.

|||||||||||||||||||||||||||||||||||||||||||||||||||||||||||||||||||||||||||||||||||||||||||||||||||

Eine ähnliche Übung wird Ihnen im Kapitel „Wut" begegnen (siehe „Zurück-zählen", S. 104).

Konzentrieren Sie sich immer wieder einmal zwischendurch im Alltag auf Ihre Atmung – es muss ja nicht für lange sein. Auch bei kleineren Ärgernissen. Dann sind Sie schon gut vertraut damit und geübt, wenn einmal eine größere Hürde zu bewältigen ist. Durch die Ausrichtung der Aufmerksamkeit nach innen wird Ihr Erregungsniveau automatisch reduziert.

Auf die Haltung kommt es an

Neutral heißt nicht resignativ. Manchmal wird neutral zu sein mit Resignation verwechselt. Da besteht jedoch ein großer Unterschied! Nicht unbedingt auf der rein verbalen Ebene, sondern im Tonfall, in der Körpersprache, im Tonus.

||||||||||||||||||||||||||||||||||||||||||||||||||||||||||||||||||||||||||||||||||||||||||||||||||

Neutral heißt nicht resignativ

Machen Sie dazu ein kleines Experiment: Sie können ein und denselben Satz neutral aussprechen oder resignativ. Probieren Sie es doch gleich einmal aus. Hier bekommen Sie Ihren Text:

„Ja, so ist es."

Nun können Sie Ihre schauspielerischen Fähigkeiten unter Beweis stellen. In einer ersten Variante nehmen Sie eine aufrechte Körperhaltung ein und sagen in einem sachlich nüchternen Ton: „Ja, so ist es." – Neutral, sachlich, nüchtern.

In einem zweiten Durchgang stellen Sie sich mit hängenden Schultern hin, mit leidendem Gesichtsausdruck, machen einen tiefen Seufzer, an dessen Ende Sie verzweifelt stöhnen: „Ja, so ist es!"

Der Satz war in beiden Fällen der gleiche, aber die Körperhaltung, die Mimik, wahrscheinlich auch der Tonfall haben den Satz einmal neutral wirken lassen und im zweiten Fall resignativ.

||||||||||||||||||||||||||||||||||||||||||||||||||||||||||||||||||||||||||||||||||||||||||||||||||

Es liegt sehr oft an der Haltung (auch im übertragenen Sinn), ob eine Äußerung neutral erlebt wird oder resignativ. Und das Gleiche gilt für Gedanken. Je nach Haltung kann ein und derselbe Gedanke neutral sein oder eben einen negativen Beigeschmack haben. Da gilt es, achtsam zu sein! An diesem Beispiel ist wieder gut erkennbar, wie sehr der Körper auf die Stimmung wirkt, ähnlich wie bei dem kurzen Text aus „Momo", den Sie in verschiedenen Stimmungen gelesen haben (S. 20). Genau das können wir uns bei den körperlichen Strategien zunutze machen.

What would Buddha do?

Behavioristische Strategien

Sie können auch ins Tun gehen, um den Neutralpunkt zu erreichen. Etwas tun, was Sie aus der Emotion herausholt. Zum Beispiel den Raum verlassen. Oder etwas ganz anderes machen. Wenn Sie im Stau stehen (ja, ja, schon wieder oder möglicherweise auch noch immer ☺), dann können Sie nicht so leicht den Raum verlassen. Sie könnten aber beispielsweise eine Atemübung machen, um aus dem Stress herauszukommen.

Oder ich male mir den nächsten Urlaub aus?

Nein, das ist nicht gemeint. Das bringt dich wahrscheinlich in gute Stimmung, und hier geht
es darum, neutral zu sein, also weder in guter noch in schlechter Stimmung.

Das verstehe ich jetzt ehrlich gesagt nicht. Warum neutral und nicht positiv?

An den nächsten Urlaub zu denken ist prinzipiell eine gute Idee, aber das bringt dich in gute
Stimmung, und das funktioniert bei kleinen Ärgernissen, aber in manchen Situationen ist dieser
Schritt zu groß. Eine richtig negative Stimmung lässt sich dann nicht einfach so ins Positive
umkehren. Der Neutralpunkt ist bei sehr emotionalen Themen ein hilfreicher Zwischenschritt,
und darum ist es gut, mit einfachen Themen zu üben, wirklich neutral, also ohne Wertung zu
sein. Bei sehr schwierigen, großen Themen kann genau diese Position die Rettung sein.

Auch auf der Verhaltensebene können Sie ansetzen, um den Neutralpunkt zu erreichen. Dabei werden zu Beginn Ihre schauspielerischen Fähigkeiten ein bisschen gefordert sein, Sie schlüpfen nämlich in die Rolle eines neutralen Menschen.

IIIIIIIIIIIIIIIIIIIIIIIIIIIIIIIIIIIIIIIIIIIIIIIIIIIIIIIIIIIIIIIIIIIIIIIIIIIIIIIIIIIIIIIIIIIIIIIIIIIIIIIIIIIIII

Little Buddha

Sie kennen sicherlich einen Menschen, der durch kaum etwas aus der Ruhe zu bringen ist: Das kann Buddha sein, Ihr gelassener Nachbar oder Ihre stoische Kollegin.

Dieser Mensch dient Ihnen nun als Vorbild.

Wie geht dieser Mensch mit Stress um? Beobachten Sie unterschiedliche Aspekte seines Verhaltens:

> ▶ Wie sieht die Körperhaltung aus?
> ▶ Was sagt er?
> ▶ Welche Mimik können Sie beobachten?
> ▶ Wie ist seine Gestik?
> ▶ Wie reagiert er auf Stressoren?

Versetzen Sie sich in einer Situation, in der Sie mit Stress reagieren könnten, in Ihr Vorbild. Reagieren Sie gemäß dieser Person und übernehmen Sie Verhaltensaspekte, die zu Ihnen passen. So finden Sie Ihren persönlichen Weg, gelassen und neutral zu reagieren.

Imitieren Sie Ihr Vorbild, um in schwierigen Situationen in diese gelassene, neutrale Haltung zu kommen.

IIIIIIIIIIIIIIIIIIIIIIIIIIIIIIIIIIIIIIIIIIIIIIIIIIIIIIIIIIIIIIIIIIIIIIIIIIIIIIIIIIIIIIIIIIIIIIIIIIIIIIIIIIIIIIIIIIIIIIII

So tun, als ob, ist manchmal sehr hilfreich.

▲ Nackte TATSACHE

Trainingsmodus für das Gehirn

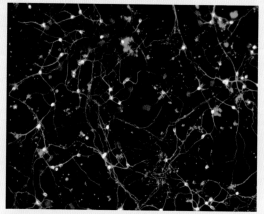

Diese Nervenzellen wurden in einer Zellkultur herangezüchtet. Sie haben ein Nervennetz gebildet. Auch in unserem Gehirn sind die Nervenzellen zu einem dynamischen Netz verbunden, welches sich durch Training verändert. So können wir eine Sprache, ein Musikinstrument, aber auch Verhaltensweisen lernen und festigen.
© S. Anastasiadou (aus Beck et al.: Faszinierendes Gehirn, Springer-Verlag Berlin Heidelberg)

Unser Gehirn ist formbar (siehe auch „Nackte Tatsache: Unser Gehirn ist formbar", S. 18). Je nach Aktivität werden Zellverbände ausgebaut, umorganisiert oder zurückgebildet. Für diese Reorganisationsprozesse braucht es nicht unbedingt Tage – unser Gehirn verändert sich täglich! Schon nach kurzer Zeit zeigen sich messbare Umbauvorgänge. Ein Arm in Gips lässt nicht nur die Muskelmasse schwinden, sondern führt auch zu einer Reduktion der zugehörigen sensomotorischen Gehirnbereiche – zugunsten der entsprechenden Areale der anderen Hand (Langer et al. 2012). So mancher Rechtshänder entwickelt, wenn sein rechter Arm längere Zeit eingegipst werden muss, mit seiner linken Hand ein erstaunliches Geschick.

Gehirnplastizität gelingt auch spielerisch und in Gedanken

Sollte Ihr Windsurf-Training unglücklicherweise zu einer gebrochenen Hand geführt haben, dann empfiehlt es sich für Sie, die Finger in Gedanken zu bewegen. Denn Studien zeigen, dass Mentaltraining die Folgen der Immobilität reduzieren kann (Meugnot et al. 2014). Und wer die Nerven der Nachbarn schonen möchte, kann seine Etüden auch im Kopf repetieren, denn in Studien hat sich auch das gedankliche Klavierspiel als effektiv erwiesen (Coffman 1990). Diese Technik wird auch im Sport häufig angewendet, etwa von Skirennfahrern, die eine Rennstrecke auch mental abfahren.

Auch „so tun als ob" verändert unser Gehirn. Viel Spaß also, beim Spielen!

Schlagwörter: kognitive Strategien, Mentaltraining, Neuroplastizität

Namaste!

Ganzheitliche Strategien

Kognitive, behavioristische und körperliche Strategien sind in gewisser Weise immer miteinander verwoben. Jetzt fügen wir wieder alles zusammen und beschäftigen uns mit genau diesem ganzheitlichen Zugang. Was passiert, wenn Sie Gedanken, Verhalten und Körper „neutralisieren"? Sie meditieren.

Ich meditiere – und wer trägt den Müll raus?

Rund um das Thema Meditation gibt es viele Theorien, Übungsanleitungen und auch Missverständnisse. Viele Menschen glauben, meditieren bedeute zwingend stundenlang stocksteif zu sitzen und an nichts zu denken – jeglichen Gedanken aus dem Gehirn zu verbannen.

Wir können Gedanken und Emotionen nicht abstellen. Sie sind ganz einfach da. Gedanken jagen ohne Pause durchs Gehirn: „Ich sollte den Müll raustragen", „Die Präsentation für morgen ist noch nicht fertig", „Soll ich mit dem Zug fahren oder mit dem Auto?", „Wo hab ich eigentlich mein Auto geparkt?"

Es gilt, die Gedanken zu beruhigen. Stellen Sie sich die Gedanken wie Affen in einem Käfig vor, die wild herumhüpfen, kreischen und sich von Ast zu Ast schwingen. Die Affen zum Stillstand zu bringen, sie still werden zu lassen, das ist das Ziel. Oder, wenn sie nicht still sind, ihnen zumindest nicht mehr die Aufmerksamkeit zu schenken. Die Affen sind immer noch da, aber Sie lassen sich nicht mehr von ihnen ablenken.

Die einfachste Methode, sich im Meditieren zu üben, funktioniert über die Atmung; sie besteht darin, das Ein- und Ausatmen zu beobachten. Dadurch gelingt es nämlich, die Aufmerksamkeit ganz nach innen zu richten und im Optimalfall andere Gedanken zu verdrängen. Wenn Sie die Übung „Wie mein Körper atmet" (S. 43) tatsächlich gemacht haben, haben Sie also bereits die erste kleine Meditation hinter sich. Indem Sie die Aufmerksamkeit auf den Atem richten, bringen Sie die Affen dazu, sich zu setzen und still zu sein.

Affenkäfig oder Hundeerziehung

Vielleicht hat Ihnen das Bild des Affenkäfigs geholfen, sich das vorzustellen; ich möchte Ihnen ein zweites Bild anbieten, dann haben Sie die Wahl, welches Ihnen dienlicher ist.

Sie können die Fokussierung der Aufmerksamkeit in der Meditation auch mit der Hundeerziehung vergleichen. Da wird dem Hund beigebracht, er soll stehen bleiben, selbst wenn es diverse Ablenkungen gibt. „Steh! Steeeehhh!", ist das Kommando. Auch wenn ein anderer Hund vorbeigeht, auch wenn ein Knochen hingelegt wird, der Hund soll neben mir stehen bleiben: „Steh! Steeeehhh!" Immer wieder bekommt er das Kommando, damit er bei mir stehen bleibt, damit seine Aufmerksamkeit bei mir ist. Er nimmt den anderen Hund wahr, aber die Aufmerksamkeit bleibt bei mir. Er nimmt den Knochen wahr, der ihm hingelegt wird, aber die Aufmerksamkeit bleibt bei mir. Das ist gar nicht so leicht. Und es gelingt auch nicht gleich. Es braucht viel Geduld und Übung.

Genauso ist es mit den Gedanken, mit den Emotionen und den Körpersensationen. Sie wollen meine Aufmerksamkeit, sie wollen mich ablenken, sie wollen mich herausholen. Aber ich bleibe! Bleibe! Bleibe!

Ich beobachte, wie ein anderer Hund vorbeigeht – äh – ein Gedanke kommt, aber ich gebe ihm nicht den Raum. Ich beobachte, wie Ungeduld aufsteigt, aber ich bleibe. Ich beobachte, wie mein Körper rebelliert, aber ich bleibe ganz wach, mit der Aufmerksamkeit bei mir (bei meiner Atmung, bei meinem gewählten Fokus). In einer sanften und liebevollen Weise! Diese Übungen sollen keinen Druck erzeugen, sonst wären Sie kontraproduktiv und würden erst recht wieder den Stresspegel heben. Geduldig, sanft, behutsam.

Ob Affe oder Hund: Die Aufmerksamkeit bleibt ganz fokussiert im Jetzt.

Meditation schafft Ruhe im Gehirn

Im Alltagsgeschehen ist das Arbeitsgedächtnis oft mit mehreren Inhalten (Affen) gleichzeitig beschäftigt.

Man kann sich vorstellen, dass im Gehirn an vielen Stellen Netzwerke aktiviert sind. Wie bei einem Wetterleuchten blitzt da und dort und hie und da ein kleiner Blitz (oder Affe) auf. Im meditativen Zustand synchronisieren wir und sorgen für kohärente Gehirnwellen, es kann wieder Ruhe einkehren – eine wahre Erholung für das Gehirn.
Das erholte Gehirn ist natürlich leistungsfähiger und kann in der Folge auch im Außen wieder besser fokussieren.

Was ist das Arbeitsgedächtnis?

Das Arbeitsgedächtnis ist jenes Gedächtnis, das Sie nützen, wenn Sie Informationen kurze Zeit aktiv im Kopf behalten. Ihr Arbeitsgedächtnis wird aktiv, wenn Sie beispielsweise eine Telefonnummer nachschlagen, Ihr Handy aber nicht bei der Hand haben. Was machen Sie? Sie sagen sich die Nummer in Gedanken vor, während Sie die paar Schritte zu Ihrem Telefon zurücklegen. Diese auditive Schleife ist Teil Ihres Arbeitsgedächtnisses. Sie benötigen Ihr Arbeitsgedächtnis aber nicht nur, wenn Sie sich eine Information kurz merken, sondern letztendlich bei jeder mentalen Tätigkeit. Beim Kopfrechnen beispielsweise, aber auch beim Vorausdenken von Zügen im Schachspiel oder beim Lösen eines Problems … alle mentalen Operationen werden im Arbeitsgedächtnis durchgeführt.

Leider hat dieses Arbeitsgedächtnis eine eingeschränkte Kapazität. Wir können nicht mehrere Telefonnummern auf einmal nachschlagen und im Kopf behalten, und auch im Schachspiel ist die Anzahl der Züge, die wir vorausplanen können, begrenzt.
Psychologen gehen davon aus, dass durchschnittlich sieben Informationseinheiten in unserem Arbeitsgedächtnis Platz haben.

Wenn Sie nun auf dem Weg in ein Meeting sind und sich denken, „Dieses und jenes ist wichtig und das möchte ich auch auf jeden Fall erwähnen", dann haben Sie wahrscheinlich das Gefühl, „Der Kopf ist voll" und auch „Hoffentlich vergesse ich nichts". Und das ist dann tatsächlich die Sitzung, in der wir eine wichtige Information nicht erwähnen oder in der wir mit einer unerwarteten Situation nicht umgehen können. Ein überladenes Arbeitsgedächtnis macht uns nicht nur ineffizient, es erschöpft auch. Es ist anstrengend, wenn unsere Rechenplattform im Gehirn immer voll ist, denn dann haben wir eben keine Ressourcen mehr übrig.

Schlagwort: Arbeitsgedächtnis

Meditation – wie geht das?

Beim Wort Meditation haben die meisten das Bild eines im Lotussitz erstarrten Menschen vor Augen, der, in sich selbst versunken, bewegungslos stundenlang in Stille verharrt. Meditation gibt es allerdings auch im Gehen, im Liegen, im Stehen oder, wie im Yoga und Thai-Chi, in der Bewegung. Es ist auch nicht zwingend still dabei, es gibt Formen mit lauter Musik, es kann dabei rezitiert oder gesungen werden. Alle Formen haben aber eines gemeinsam: Es ist eine Haltung des wachen, akzeptierenden, offenen und absichtslosen Gegenwärtigseins.

Nackte TATSACHE

▲
▲
▲

Das Objekt der Begierde

Jedes beliebige Objekt kann Fokus Ihrer Aufmerksamkeit werden. Ob es Ihr Atem ist, Ihr rechter Fuß oder das Wahrnehmen der Geräusche um Sie herum. Sie können sich in der Meditation auch ganz einem Thema, einem Wort oder einem Gefühl widmen. Sie können in diesem Ruhezustand in Dankbarkeit, Demut oder Nächstenliebe eintauchen. Sie übernehmen die Führung, und mit etwas Übung – also wenn ich ehrlich bin: mit viel Übung – können Sie dem Geist vorschreiben, worauf er seine Aufmerksamkeit richtet. Und dass er dort bleibt.

||||||||||||||||||||||||||||||||||||||||||||||||||||||||||||||||||||||||||||||||||||||||||||||||||||

Ich meditiere

Nehmen Sie sich drei Minuten Zeit für diese Übung. Setzen Sie sich hin, schließen Sie die Augen und richten Sie Ihre Aufmerksamkeit nach innen. Richten Sie Ihre Aufmerksamkeit auf die Atmung, auf Ihr Ein- und Ausatmen. Spüren Sie in Ihren Körper hinein. Wie sitzen Sie da? Wo im Körper spüren Sie Kontakt mit dem Boden, mit dem Stuhl? Es geht darum, einfach nur zu beobachten. Ohne Wertung, ohne Kommentar.

||||||||||||||||||||||||||||||||||||||||||||||||||||||||||||||||||||||||||||||||||||||||||||||||||||

Übrigens sind auch andere Übungen, die Sie in diesem Buch kennenlernen, meditativ, zum Beispiel der Bodyscan auf Seite 24.

Üben, üben, üben

Sehr leicht kann sich beim Meditieren Ungeduld einstellen. Wenn es nicht gelingt – und es gelingt keinem gleich von Anbeginn, es bedarf vieler Übung –, ist es sinnvoll, Meditieren als einen Prozess zu betrachten. Seien Sie geduldig mit sich. Wenn es nicht funktioniert, könnte Ärger aufsteigen – auch den können Sie liebevoll annehmen: Aha, da kommt Ärger. Nehmen Sie ihn an, beobachten Sie, was er tut. Er wird sich wandeln, sie bleiben weiterhin einfach nur Beobachter. So können unterschiedliche Gefühle auftauchen. Angenehme wie unangenehme. Ihre Wahrnehmung ist jedoch frei von Wertung, sie ist reines Beobachten. Ohne Gut und Schlecht. Diese Konzentration und Aufmerksamkeit beinhaltet Nachsicht und Akzeptanz. Es kann auch ein humorvolles Augenzwinkern dabei sein.

Dafür bin ich zu ungeduldig.

Genau dann bist du hier richtig. Die Meditation wird dich lehren, im Jetzt zu sein. Und im Jetzt gibt
es keine Ungeduld.

Mit Meditationstechniken können Sie eine wache, unaufgeregte Präsenz in Ihr
Leben bringen. Und jeder kann das lernen. So wie Fahrradfahren oder Häkeln.
Die einzige wichtige Voraussetzung: Sie wollen es. Und Sie tun es regelmäßig.
Zu Beginn genügen drei Minuten. Wenn Sie die schaffen, können Sie die Übung
stetig ausdehnen.

Immer öfter

Je geübter man in der Meditation ist, umso leichter fällt es – auch im Alltagsgeschehen –, sich seiner selbst bewusster zu sein, in der Mitte zu bleiben und
inneren Frieden zu spüren. Die Fähigkeit der ganz bewussten Wahrnehmung
des gegenwärtigen Moments erlaubt es, das Gewahrsein in den Alltag herein-
zuholen und das Innehalten nicht auf die Meditationspraxis zu einer bestimmten Zeit an einem bestimmten Ort zu beschränken.

Machst du das wirklich regelmäßig?

Ja, ich kann's mir gar nicht mehr vorstellen ohne.

Und wie machst du das?

Ich meditiere meist im Sitzen, meist in der Stille. Und beginne immer damit, dass meine
Aufmerksamkeit ganz auf den Atem gerichtet ist. Das beruhigt mein Gedankenkarussell
am schnellsten.

Und wie lange machst du das?

Das ist extrem unterschiedlich, aber wenn ich will, dass mein Geist aufgeht, so brauche ich
mindestens 15 Minuten.

Was heißt das, dein Geist geht auf?

Schwer zu beschreiben, aber es gibt den Punkt, Joe Dispenza nennt das den *sweet point*,
da öffnet sich etwas in dir und du hast das Gefühl, du bist eins mit der Welt. Es fühlt sich sehr
weit und friedlich an, leicht und frei. Es ist wirklich schwer zu beschreiben.
Was sagt denn die Gehirnforschung dazu?

Ja, da gibt es tatsächlich interessante Erkenntnisse.

Die Welt als Einheit wahrnehmen – Synchronisation im Gehirn

Sie sitzen im Café und beobachten die Autos auf der Straße. Wenn Sie nun einen schwarzen Audi vorbeifahren sehen, dann werden verschiedenste visuelle Eindrücke in Ihrem Gehirn verarbeitet, und zwar in unterschiedlichen Regionen. Ein Areal analysiert die Farbe, ein anderes beschäftigt sich mit der Form und wieder eine andere Region ist dafür verantwortlich, dass Sie die Bewegung analysieren können. Wie fügt Ihr Gehirn nun all diese Teilaspekte zu einem Fahrzeug zusammen? Dieses sogenannte „Bindungsproblem" hat eine elegante Lösung, und sie lautet: Synchronisation. Nervenzellverbände feuern nicht nur in der gleichen Frequenz, sondern auch phasengleich und signalisieren sich so: „Unsere Informationen gehören zusammen", und sie fügen Farbe, Form und Bewegung zu dem fahrenden Wagen zusammen.

Aufmerksamkeit: Synchronisieren Sie Ihre Nervennetze

Betrachten Sie die folgende Abbildung.

Auflösung zum Bild auf Seite 57

Auf den ersten Blick sehen Sie wahrscheinlich nur schwarze und weiße Flecken. Doch bei längerer Betrachtung wird möglicherweise eine Figur, ein Objekt erkennbar. Was können Sie sehen?

Viele Menschen sehen in der obigen Abbildung ein Gesicht. Möglicherweise haben Sie es auch erkannt. Sobald Sie die schwarzen und weißen Flecken zu einem Ganzen zusammengefügt haben, haben sich Nervenzellverbände in Ihrem Gehirn synchronisiert (Singer und Ricard 2008) und Ihnen ein wohltuendes Gefühl der Lösung beschert. Das Gleiche passiert, wenn Sie ein Puzzle vervollständigen oder ein Problem lösen. >>>

Diese Kohärenz hilft uns, unsere Aufmerksamkeit zu fokussieren. Schließen Sie kurz die Augen und achten Sie auf die Geräusche um Sie herum. Möglicherweise nehmen Sie nun gewisse Laute aus dem Hintergrund wahr, die Ihnen vorher entgangen sind. „Hinhören" oder „Hinschauen", ja selbst „Hinriechen" oder „Hinfühlen": All das funktioniert dank Synchronisation.

Im EEG wird diese Synchronisation in Form von Gammawellen sichtbar. Eine Zunahme an Gamma-Oszillationen ist mit erhöhter Aufmerksamkeit verbunden (Singer 1993).

Meditation: die Aufmerksamkeit nach innen richten

Diese Aufmerksamkeit muss nicht nach außen gerichtet sein, sie kann auch nach innen gelenkt werden, wie Studien mit meditierenden buddhistischen Mönchen zeigen konnten. Während der Meditation befand sich deren Gehirn in einem Zustand höchster Wachheit und Konzentration (West 1980; Davidson und Begley 2016). Meditation ist also mehr als bloßes „Abschalten" und „An-nichts-Denken". Wer meditiert, trainiert sein Gehirn und schärft seine Wahrnehmung für innere Prozesse. Genauso wie Sie Ihr Auge für verschiedene Automarken schärfen können, können Sie auch Ihre Selbstwahrnehmung trainieren und mit ein wenig Übung innere Prozesse aktiv mitsteuern. Der Bodyscan, den Sie auf Seite 24 durchgeführt haben, hat genau das gemacht! Sie haben Nervenzellverbände für Ihre Selbstwahrnehmung synchronisiert, Ihren Körper genauer wahrgenommen und damit wieder ein wenig besser kennengelernt.

Was gehört zusammen?

Zurück in unser Straßencafé. Wird der schwarze Audi von einem weinroten Renault eingeholt, dann werden auch von diesem zweiten Auto Farbe, Form und Bewegung verarbeitet. Auch diese Informationen verursachen synchronisierte Erregungsmuster in Ihrem Gehirn – aber eben in einer neuen Phase, die unabhängig vom ersten Auto ist. So können Sie die beiden Fahrzeuge unterscheiden.

Würden alle Nervennetze vollständig synchron arbeiten, dann hätten Sie Schwierigkeiten, Informationen auseinanderzuhalten. Sie würden Ihre Welt als eine Einheit wahrnehmen, ein Gefühl, das in Zuständen tiefer Meditation durchaus auftreten kann (Singer und Ricard 2008).

Schlagwörter: Achtsamkeit, Kohärenz, Meditation, Selbstwahrnehmung, Synchronisation

Meditation als Selbstfürsorge

Wenn Sie sich regelmäßig der Meditation widmen, so werden Sie sich selbst besser kennenlernen und eine Basis schaffen für innere Harmonie. So können Sie dem Druck von außen besser standhalten. Sie haben damit eine wichtige Ressource für Ihre psychische Stabilität und somit für Ihre Resilienz. Sie kommen für eine Zeitspanne heraus aus dem Tun, hinein ins Sein.

Nackte TATSACHE ▲ ▲ ▲

Warum Meditation Gehirntraining ist

Meditation verändert Gehirnströme und erhöht unsere geistige Leistungsfähigkeit, Aufmerksamkeit, Selbstwahrnehmung, Selbstkontrolle und Entspannung.

Wir können unser Gehirn trainieren, indem wir uns äußeren Problemen widmen, knifflige Rätsel knacken, Herausforderungen bewältigen und neue Aufgabenstellungen lösen. Doch wir können unser Gehirn auch fordern und fördern, indem wir uns unserer inneren Welt widmen. Meditation ist die Schulung des Geistes, innere Zustände wahrzunehmen und zu steuern. Genauso wie das Gehirntraining mit externen Reizen Früchte trägt, zeigen sich klare Vorteile intensiver Meditationspraxis:

Höhere Aufmerksamkeit: Meditation ist mit einer Zunahme an Gammawellen verbunden, die mit erhöhter Konzentration in Zusammenhang steht. Meditieren trainiert unsere Fähigkeit zu fokussieren und kann sogar zu einer Zunahme an Gehirnstruktur im Thalamus führen, der für die Aufmerksamkeitssteuerung entscheidend ist (Ott 2015).

Geringeres Schlafbedürfnis: Das Gehirn nützt Schlafphasen, um Reize zu verarbeiten und abzuspeichern. Kleine Kinder benötigen besonders viel Schlaf, um die zahlreichen Informationen des Tages zu verarbeiten. Wer viel meditiert, benötigt weniger Schlaf (Singer und Ricard 2008). Möglicherweise werden während der Meditation Reize verarbeitet, die sonst in den Schlafphasen analysiert und konsolidiert werden.

Entspannung: EEG-Studien mit Meditierenden zeigen, dass nach der Meditation ein anhaltender Zustand der Entspannung eintritt, welcher in Form von Alphawellen sichtbar wird (West 1980). Auch die Atemübungen, die Bestandteil von Meditationspraktiken sind, helfen, Atmung und Körper gezielt zu entspannen.

Bessere Selbstwahrnehmung: Wer meditiert, kennt seine eigenen Gefühlszustände besser, kann diese schneller und leichter wahrnehmen, aber auch regulieren (siehe auch „Nackte Tatsache: Emotionales Unwissen ist teuer", S. 23). Übrigens: Wer meditiert, kann auch Gefühlsregionen anderer besser identifizieren und so seine kommunikativen Fertigkeiten steigern.

Größere Selbstkontrolle: Meditation trainiert den präfrontalen Cortex und damit unsere Impulskontrolle und unterstützt so Veränderungsprozesse. Denn wer sich eine neue Verhaltensweise aneignen möchte, muss auch gewohnte Reaktionen und eingespielte Muster in den Griff bekommen. Mehr zum Training des präfrontalen Cortex erfahren Sie in „Nackte Tatsache: Der präfrontale Cortex bewahrt uns vor Wutausbrüchen", S. 105.

Schlagwörter: Aufmerksamkeit, Entspannung, Frontallappen, Meditation, präfrontaler Cortex, Schlaf, Selbstwahrnehmung

Der Manager tut es, die Friseurin tut es und nun auch Sie

So bunt die Menschen sind, die es tun, so vielfältig sind auch die Ziele diverser Techniken. Die einen tun es, weil es der Arzt verordnet hat, die anderen, weil sie zur Ruhe kommen und ihre Mitte wiederfinden wollen. Andere nutzen die Meditation zur Emotionsregulation, der Nächste, weil es gerade angesagt ist, und wieder ein anderer erwartet sich spirituelle Erfahrung und strebt die Erleuchtung an. So unterschiedlich die Herangehensweisen und Erwartungen sind, so verschieden wird auch das Engagement sein, so vielfältig werden auch die Ergebnisse ausfallen.

Eskalation oder Langeweile?

Der Neutralpunkt im Team

Der neutrale Standpunkt hat eine wichtige Aufgabe im Team

Im Miteinander hat der Neutralpunkt Vor- und Nachteile. Menschen, die gut sind im Neutralsein, sind oft sehr wichtig im Team, um in schwierigen Situationen die sachliche Seite vertreten zu können, um deeskalierend zu wirken. Eine emotionslose Perspektive ermöglicht Diskussionen auf der Sachebene und eröffnet die Chance, als parteiloser Mediator zu wirken. Auf diese Weise kann so mancher Streit oder dessen Eskalation vermieden werden.

Jedes Team braucht Emotionen

Es besteht jedoch auch die Gefahr, dass das Neutralsein als Desinteresse interpretiert wird oder sogar einen resignativen Touch hat. Besonders für sehr emotionale Menschen ist ein neutral gestimmtes Gegenüber mitunter die reinste Provokation. Das ist nicht im Sinne des Erfinders.

Menschen, die durchgehend eine neutrale Haltung einnehmen, also keinerlei Emotionen zeigen (können), werden auch oft als langweilig erlebt und können die Stimmung im Team mitunter herunterziehen.

Mein Neutralpunkt

Bitte verweilen Sie noch kurz in diesem Kapitel.

Viele Wege führen nach Rom – und viele Wege führen zum Neutralpunkt.
Sie haben nun einige Techniken kennengelernt, mit denen Sie den Neutralpunkt
erreichen können.

Welche spricht Sie am ehesten an?

Kognitive Strategien
- ☐ Frau/Herr Neutral (S. 41)
- ☐ Machen Sie einen Punkt! (S. 42)
- ☐ Kein Besser, kein Schlechter (S. 42)

Körperliche Strategien
- ☐ Wie mein Körper atmet (S. 43)
- ☐ Atempause (S. 43)
- ☐ Neutral heißt nicht resignativ (S. 44)

Behavioristische Strategien
- ☐ Little Buddha (S. 45)

Ganzheitlich – Meditation
- ☐ Affenkäfig oder Hundeerziehung (S. 47)
- ☐ Meditation ist Übungssache (S. 50)

Einen Moment noch! Malen Sie sich – jetzt gleich – genau aus, wie Sie eine
dieser Strategien konkret anwenden, damit Sie sich im Bedarfsfall auch daran
erinnern und sie wirklich zur Verfügung haben. Je besser Sie sich das vorgestellt
haben, umso eher wird es Ihnen dann gelingen.

Der Neutralpunkt

Haben Sie's erkannt?

Beck H, Anastasiadou S, Meyer zu Reckendorf Ch. (2016) Faszinierendes Gehirn, Springer-Verlag Berlin Heidelberg

Breyer BN, Cohen BE, Bertenthal D, et al (2014) Sexual Dysfunction in Male Iraq and Afghanistan War Veterans: Association with Post-traumatic Stress Disorder and Other Combat-Related Mental Health Disorders: A Population-Based Cohort Study. J Sex Med 11:75–83. doi: 10.1111/jsm.12201

Coffman DD (1990) Effects of Mental Practice, Physical Practice, and Knowledge of Results on Piano Performance. J Res Music Educ 38:187–196. doi: 10.2307/3345182

Davidson R, Begley S (2016) Warum regst du dich so auf?: Wie die Gehirnstruktur unsere Emotionen bestimmt. Goldmann Verlag, München

Langer N, Hänggi J, Müller NA, et al (2012) Effects of limb immobilization on brain plasticity. Neurology 78:182–188. doi: 10.1212/WNL.0b013e31823fcd9c

Meugnot A, Agbangla NF, Almecija Y, Toussaint L (2014) Motor imagery practice may compensate for the slowdown of sensorimotor processes induced by short-term upper-limb immobilization. Psychol Res 79:489–499. doi: 10.1007/s00426-014-0577-1

Ott U (2015) Meditation für Skeptiker: Ein Neurowissenschaftler erklärt den Weg zum Selbst. Droemer TB, München

Rajiah K, Veettil SK, Kumar S, Mathew EM (2013) Psychological impotence: Psychological erectile dysfunction and erectile dysfunction causes, diagnostic methods and management options. Sci Res Essays 7:446–452. doi: 10.5897/SRE11.1065

Singer W (1993) Synchronization of Cortical Activity and its Putative Role in Information Processing and Learning. Annu Rev Physiol 55:349–374. doi: 10.1146/annurev.ph.55.030193.002025

Singer W, Ricard M (2008) Hirnforschung und Meditation: ein Dialog, Suhrkamp, Frankfurt am Main

Stadtbekannt Wien (2016) Im Leo sein I Stadtbekannt Wien I Das Wiener Online Magazin. http://www.stadtbekannt.at/im-leo-sein/ Accessed 19 Dec 2016

West MA (1980) Meditation and the EEG. Psychol Med 10:369–375. doi: 10.1017/S0033291700044147

4. Der Turbo

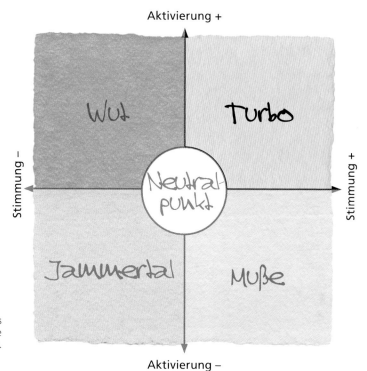

Der Turbo: Im Modell des Stimmungsraums zeichnet sich der Turbo-Bereich durch hohe Aktivierung und positive Stimmung aus.

Der Turbo-Bereich unseres Modells zeichnet sich durch ein hohes Energielevel und gute Stimmung aus. Wenn Sie hier einen hohen Wert haben, dann sind Sie in Ihrem Tun wohl sehr wirkungsvoll und effizient. Wahrscheinlich gehen Sie alles in einem hohen Tempo an, arbeiten viel und sind dabei produktiv und effizient. Erfolge stellen sich ein, Begeisterung und Motivation sind hoch, Ziele werden erreicht und die Anerkennung von außen ist Kraftfutter für Ihren Selbstwert. Das fühlt sich einfach gut an: alles unter einen Hut bekommen, im Flow sein, erfolgreich sein. Und genau da lauert auch eine Gefahr, aber dazu später mehr. Zunächst wollen wir herausfinden, was dieser Erfolg mit unserem Gehirn anstellt.

Im Turbo sein: Das ist geil!

Dopamin, Workaholics und das verliebte Gehirn
Warum machen wir, was wir machen?

Wenn eine Tätigkeit positive Konsequenzen für unseren Organismus hat, wenn wir beispielsweise energiereiche Nahrung zu uns nehmen, dann sendet das sogenannte Ventrale Tegmentum ein Signal in Form von Dopamin aus. Dopamin erreicht den Nucleus accumbens und auch den präfrontalen Cortex und löst das aus, was wir als Lustgefühl empfinden. Die Nachricht lautet: „Gute Sache!" Gleichzeitig wird der Hippocampus informiert, unsere Gedächtniszentrale, damit wir uns merken, was wir soeben gemacht haben, und diese Tätigkeit in Zukunft wiederholen können. Die Nachricht ist hier: „Merk dir das!"

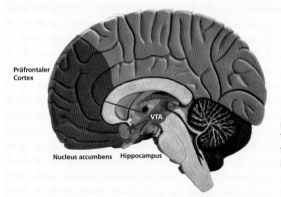

Im Mesolimbischen Dopaminsystem werden wünschenswerte Tätigkeiten in einem Zusammenspiel zwischen ventralem tegmentalem Areal, Hippocampus, Nucleus accumbens und präfrontalem Cortex verstärkt.

„Gute Sache, merk dir das, mach das wieder!"
Wann immer uns etwas guttut, erreicht uns also die Botschaft „Gute Sache, merk dir das", und das Verlangen entsteht, die Tätigkeit zu wiederholen. Über diesen Kreislauf sichert das Dopaminsystem, dass wir uns ernähren, Flüssigkeit zu uns nehmen und uns fortpflanzen. Das ist nicht nur die neurobiologische Basis dafür, dass wir gerne Schokolade essen, sondern erklärt auch jede Form lustvoller Tätigkeit. Dopamin ist assoziiert mit Erwartung und Begehren. Dieses Wollen aktiviert und motiviert uns und verstärkt potenziell erfolgreiche Tätigkeiten (Schymanski und Hopf 2015).

Dopamin ist auch der Botenstoff des Verliebtseins. Unsere ganze Aufmerksamkeit und alle unsere Handlungen richten sich auf das Subjekt oder Objekt der Begierde aus.

Neuronal betrachtet, ist ein Workaholic verliebt in seine Arbeit. Die Aussicht auf Erfolg ermöglicht uns, aktuelle Herausforderungen nicht nur zu bewältigen, sondern sogar zu genießen. So entsteht Freude an der eigenen Produktivität.

Schlagwörter: Aufmerksamkeit, Dopamin, Hippocampus, Motivation, Nucleus accumbens, präfrontaler Cortex, Workaholic

Das ist also die Erklärung, warum sich das Vielarbeiten so gut anfühlen kann. Der Erfolg verstärkt unseren Wunsch, weiterzuarbeiten. Es erzeugt einfach ein gutes Gefühl, im Flow zu sein. Alles läuft wie am Schnürchen. Viele Menschen, die im Turbo-Modus unterwegs sind, haben das Gefühl der Unentbehrlichkeit. „Ohne mich geht gar nichts!" oder „Nur ich kann das!", so die Selbsteinschätzung, und genau das ist Kraftfutter für den Selbstwert. Doch diese tolle Geschichte hat eben leider auch einen Haken. Nämlich dann, wenn der Bogen überspannt wird, wenn die Arbeit zur Sucht wird.

Süchtig nach Arbeit

Der Workaholic, den es auch in weiblicher Form gibt – die Workaholic –, ist süchtig geworden nach Arbeit und nach dem guten Gefühl, das dabei entsteht. Wie bei jeder Suchtform muss die Dosis ständig erhöht werden, um den gewünschten Effekt zu erzielen. Das kann so weit gehen, dass der oder die Betroffene nur noch für die Arbeit lebt und alle anderen Lebensbereiche in den Hintergrund gedrängt werden. Auch das lässt sich gehirnphysiologisch erklären.

Nackte TATSACHE ▲▲▲

Das süchtige Gehirn

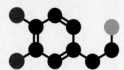

Molekülstruktur von Dopamin, einem wichtigen Botenstoff für Antrieb und Motivation

Das Dopaminsystem ist weiterhin Zentrum unseres Interesses. Wir wissen bereits, dass dieser neuronale Kreislauf aktiviert und motiviert, er macht Lust auf mehr, und damit ist er leider auch die Basis für Suchtprozesse (Everitt und Wolf 2002; Nestler 2001).

In den fünfziger Jahren implantierten die Neurowissenschaftler James Olds und Peter Milner Elektroden in Rattengehirne. Ratten, die so über einen Schalter direkt das Dopaminsystem aktivieren konnten, lernten, diesen Schalter zu betätigen – und wurden süchtig nach diesem Knopfdruck (Olds und Milner 1954). Sie vernachlässigten die Nahrungs- und Flüssigkeitsaufnahme, nur um den Schalter betätigen zu können und die ersehnte Dopaminausschüttung zu erreichen.

Kokain, Zigaretten und Co

Natürlich werden in menschliche Gehirne nicht derartige Elektroden implantiert. Doch es gibt chemische Substanzen, die ähnlich wirken. Kokain beispielsweise hemmt die Wiederaufnahme von Dopamin und verstärkt so dessen Wirkung im synaptischen Spalt. Auch Nikotin verstärkt die Wirkung von Dopamin. Es ist ganz klar, dass gewisse Substanzen abhängig machen müssen – sie wirken ja an der Stelle im Gehirn, an der die Nachricht entsteht: „Gute Sache, merk dir das, mach das wieder!"

>>>

Unsere Lust auf mehr

Eine ständige oder übermäßige Aktivierung dopaminerger Bahnen führt zu Gewöhnung, Botenstoffe werden aufgebraucht. Rezeptoren passen sich an und reagieren nicht mehr auf die Dauererregung. Das passiert nicht nur bei substanzgebundenen Süchten, auch Verhaltensweisen können süchtig machen. Ist das Dopaminsystem ständig aktiv, schwächen seine Effekte ab. Was zuvor als lustvoll empfunden wurde, macht auf einmal kaum noch Freude (Schymanski und Hopf 2015). Wir wollen kompensieren und steigern uns in unseren Versuchen, dem Dopaminsystem noch einen Funken Ak-

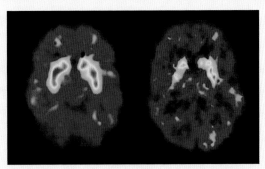

Unser Gehirn gewöhnt sich an Suchtmittel. Links sehen Sie die Reaktion des Gehirns auf die Droge Metamphetamin, welche ähnlich wirkt wie Dopamin. Rechts sehen Sie die Reaktion eines süchtigen Gehirns, welche wesentlich schwächer ausfällt. So entsteht unsere Lust auf mehr.

tivität zu entlocken. Unsere Ansprüche steigen, im Kleinen wie im Großen: Nachspeisen werden immer üppiger, ein Auto mit einem noch stärkeren Motor muss her, Urlaube werden zwar nicht unbedingt länger, aber teurer und exklusiver, und die Popularität von Extremsportarten steigt.

Warum zu viel Lust lustlos macht

Die ständige Verfügbarkeit von potenziellen Lustauslösern in unserer Wohlstandsgesellschaft führt aufgrund der Gewöhnung (Habituation) paradoxerweise nicht zu mehr Lust, sondern zu Lustlosigkeit. Unser Trieb, die Dopaminausschüttung anzuregen, verleitet uns dazu, das schnelle Glück zu suchen. Dieser schnell und einfach erkaufte Genuss ist das Problem, denn sobald die Nachspeise aufgegessen, das Auto nicht mehr nagelneu, der Urlaub verflogen und der Bungee-Jump überstanden ist, ist die Dopaminausschüttung vorbei. Dopamin ist der Botenstoff der Erwartung, des Wollens. Ist das Ziel einmal erreicht, lässt seine Wirkung nach.

Der Reiz des Keuschheitsgürtels

Langfristig macht uns darum die leicht verfügbare Befriedigung nicht glücklich. Es ist ja auch die Tätigkeit, die zum Ziel führt, die die erwartungsvolle Dopaminausschüttung anregt und dadurch als lustvoll empfunden wird. Aus diesem Grund rät der Philosoph Stefan Klein auch vom Instant-Glück ab: „Deshalb ist es eine gute Idee, die Zivilisationsschraube ab und an etwas zurückzudrehen. Natürlich kann auch eine Tiefkühlpizza schmecken, aber die Lust daran währt kaum länger als die Zeit, die es braucht, sie in den Ofen zu schieben und aufzuessen. Mehr Wohlgefühl bringt es, die Pizza selbst zu backen." (Klein 2014)

Durch Lustverzicht werden die Transmitterbestände aufgefrischt, während wir auf den Genuss warten, erhöhen wir so unsere Fähigkeit, zu genießen. So können wir, gerade indem wir uns einmal eine schnelle Freude verwehren, die anschließende Lust steigern.

Schlagwörter: Dopamin, Genuss, Habituation, Lustverzicht, Sucht

Diese Habituation ist also die Erklärung dafür, warum wir so leicht in dieser Dynamik landen, dass immer alles höher, schneller, mehr sein muss. Die tägliche(n) Tasse(n) Kaffee, der Alkoholkonsum oder das Shoppen, überall wollen wir: mehr, mehr, mehr!

Nackte TATSACHE ▲▲▲

Warum wir fremdgehen

Der Erzählung nach stattete der amerikanische Präsident Calvin Coolidge in den 1920er Jahren mit seiner Gattin Grace einer Farm einen Besuch ab. Als der First Lady im Hühnerstall erklärt wird, der Hahn würde den Paarungsakt dutzende Male am Tag vollziehen, soll diese gesagt haben: „Sagen Sie das meinem Mann." Als wenig später der Präsident den Hühnerstall besuchte, fragte er nach: „Jedes Mal dieselbe Henne?" – „Nein, Mr. President, jedes Mal eine andere." Die Antwort amüsierte Coolidge und er erwiderte: „Sagen Sie das meiner Frau."

Psychologen beschäftigen sich mit einem Phänomen, das seither als „Coolidge-Effekt" bezeichnet wird. Männliche Ratten, denen man ein Weibchen zeigt, schütten in freudiger Erwartung Dopamin aus. Nach dem sexuellen Akt fällt der Dopaminspiegel allerdings wieder ab, selbst wenn die Rattendame im Käfig bleibt. Die Lust ist wieder verflogen (Fiorino et al. 1997).

Zeigt man den Männchen jedoch ein anderes Rattenweibchen, springt das Dopaminsystem wieder an …

Es gibt übrigens auch Studien mit weiblichen Lebewesen, die einen ähnlichen Effekt zeigen.

Schlagwörter: Coolidge-Effekt, Dopamin

Alles, was unser Dopaminsystem aktiviert, unterliegt dem gleichen Effekt: Es aktiviert und motiviert uns nicht nur, es macht auch Lust auf Neues und vor allem Lust auf mehr. Doch irgendwann ist dieses System erschöpft. Es gibt kein Mehr, kein Neuer, kein Höher, die Botenstoffe sind dann aufgebraucht und die Rezeptoren gesättigt. Was daraus resultiert, ist Lustlosigkeit.

An dieser Stelle gibt es noch eine weitere schlechte Nachricht: Durch das Dauerfeuer wird nämlich ein zweites System überaktiviert, und auch das zeitigt gravierende Folgen, wie wir gleich erfahren werden.

Warum wir nach dem Orgasmus einschlafen

Nach dem Erfolg kommt die Entspannung! Das verdanken wir Gamma-Amino-Butyric-Acid, kurz GABA genannt, dem hemmenden Botenstoff in unserem Gehirn. Dieser Botenstoff wird vom Nucleus accumbens ausgeschüttet, einem zentralen Spieler im Dopaminsystem.

Wir haben bereits erfahren, dass die Erwartung eines freudigen Zieles und dessen Erreichen zu einer Dopaminausschüttung führen. Diese ist gepaart mit Aktivierung, Motivation und einem Lustgefühl.

Im Anschluss schüttet nun der Nucleus accumbens den hemmenden Botenstoff GABA aus (Creed et al. 2014), er schickt sozusagen ein Signal zurück an das ventrale Tegmentum: „Ziel erreicht, wir können entspannen" oder auch „Ziel erreicht, hier bleiben wir", denn GABA entspannt unsere Muskulatur und lässt uns innehalten (Schymanski und Hopf 2015).

Die wohlige Entspannung, die Sie nach der Bewältigung einer Herausforderung, nach jedem Höhepunkt oder jedem besonders freudigen Erlebnis empfinden, verdanken Sie demnach GABA.

Je schneller wir laufen, desto schneller dreht sich das Hamsterrad

Sie haben bereits die verheerenden Folgen der Dopaminhabituation kennengelernt. Auch das GABA-System unterliegt leider einem Gewöhnungseffekt (Xi et al. 2003). Wer also die schnelle Befriedigung sucht, schwächt einerseits den Dopaminkreislauf, was wie beschrieben (siehe „Nackte Tatsache: Das süchtige Gehirn", S. 60) in Lustlosigkeit resultiert. Doch des Weiteren werden auch GABA-Bahnen geschwächt. Die Folge ist eine fehlende Hemmung, ein Ausbleiben der Entspannung und ein Ausfallen des wohligen Zurücklehnens: Wir werden unruhig und rastlos, landen im Hamsterrad und versuchen möglichst rasch die nächste Befriedigung zu finden.

Schlagwörter: Dopamin, Entspannung, GABA, Habituation, Unruhe

Wird also das Belohnungssystem zu sehr gefordert, so passieren zwei Dinge: Die Dopamingewöhnung führt zu Lustlosigkeit und schreit nach mehr, die GABA-Habituation verhindert die Entspannung und schreit: „Tu was!".
Und was ist die Folge? Wir tun immer mehr! Wir landen im Hamsterrad: immer mehr und immer schneller. Und genau das ist die gefahrvolle Bedingung und Voraussetzung für einen Marathon ins Burnout.

Burnout wird sehr oft in Form einer Kerze versinnbildlicht, die an beiden Seiten brennt, und dieses Bild veranschaulicht sehr gut, dass der Energieverbrauch ganz einfach zu hoch ist.

Nackte TATSACHE ▲ ▲ ▲

Kurz vor zwölf? Die zwölf Stadien der Burnout-Uhr

Im Burnout ist man nicht von heute auf morgen. Burnout ist eine Entwicklung, die über Monate oder sogar Jahre stattfindet und laut Freudenberger und North in zwölf typischen Stadien abläuft (Freudenberger und North 1992):

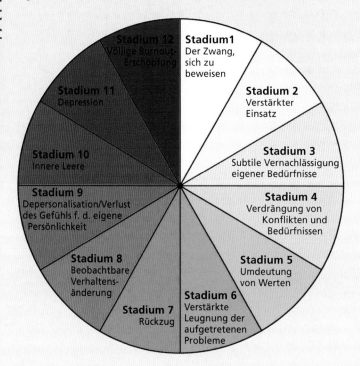

Stadium 1 – Der Zwang, sich zu beweisen: Hier herrscht große Begeisterung für den Beruf vor, er ist der primäre Lebensinhalt, was zur Folge hat, dass die eigenen Bedürfnisse vernachlässigt werden.

Stadium 2 – Verstärkter Einsatz: Der Einsatz in der Arbeit wird noch mehr erhöht, es entsteht das Gefühl der Unentbehrlichkeit, zusätzliche Arbeiten werden freiwillig übernommen. Die sozialen Kontakte beginnen darunter zu leiden.

Stadium 3 – Subtile Vernachlässigung eigener Bedürfnisse: Der Betroffene hat das Gefühl, keine Zeit mehr für sich zu haben, es fällt auch schwer, nein zu sagen. Dazu kommen häufig vermehrter Kaffee- und Zigarettenkonsum. Auch Schlafstörungen kommen vor.

Stadium 4 – Verdrängung von Konflikten und Bedürfnissen: Es kommt vermehrt zu Fehlleistungen, Schlafstörungen verursachen Energiemangel und Schwächegefühl, Hobbys werden vernachlässigt.

Stadium 5 – Umdeutung von Werten: Private Kontakte leiden zusehends, sie werden als belastend erlebt, insbesondere die Partnerschaft leidet (Beziehungs-Burnout). Auch Aufmerksamkeitsstörungen mehren sich.

>>>

Stadium 6 – Verstärkte Leugnung der aufgetretenen Probleme: Hier kommt es schon zu vermehrten Fehlzeiten, dem Betroffenen fehlt es an Anerkennung. Häufig spricht man auch von innerer Kündigung. Der Versuch des Umfeldes, zu helfen, wird rigoros abgelehnt.

Stadium 7 – Rückzug: In diesem Stadium kommt es vermehrt schon zu psychosomatischen Reaktionen (Muskelverspannung, Rückenschmerzen, Bluthochdruck, Magenschmerzen etc.) und Ersatzbefriedigungen (Essen, Drogen, Alkohol, Spielen), Zynismus macht sich breit. Die kognitive Leistungsfähigkeit lässt nach.

Stadium 8 – Beobachtbare Verhaltensänderung: Hier entsteht das Gefühl der Sinnlosigkeit und Einsamkeit. Gut gemeinte Zuwendungen werden schroff zurückgewiesen. Das emotionale Leben verflacht zusehends.

Stadium 9 – Depersonalisation/Verlust des Gefühls für die eigene Persönlichkeit: Hier ist ein automatenhaftes Funktionieren erkennbar, die Person hat das Gefühl des Abgestorbenseins. Die psychosomatischen Reaktionen nehmen zu.

Stadium 10 – Innere Leere: Hier herrscht Einsamkeit vor, die möglicherweise durch exzessive sinnliche Befriedigung (Kaufrausch, Fressattacken etc.) kompensiert wird. Panikattacken und phobische Zustände können sich zeigen.

Stadium 11 – Depression: Hoffnungslosigkeit und Erschöpfung dominieren. Es besteht der Wunsch nach Dauerschlaf. Selbstmordgedanken und -absichten werden zur realen Gefahr.

Stadium 12 – Völlige Burnout-Erschöpfung: Dies ist das Stadium der lebensgefährlichen geistigen, körperlichen und emotionalen Erschöpfung. Das Immunsystem ist angegriffen, die Selbstmordgefahr sehr hoch.

Während sich die ersten Phasen durch Begeisterung und hohe Motivation auszeichnen, werden in den folgenden Stadien zunehmend körperliche und psychische Symptome sichtbar, die bis zur vollkommenen Erschöpfung reichen.

Schlagwörter: Burnout, Stress

Du, ich schlafe tatsächlich in letzter Zeit häufig schlecht. Heißt das jetzt, ich habe ein Burnout-Risiko?

Von einem einzelnen Symptom kann ich keine Schlüsse ziehen. Es heißt ja auch Burnout-Syndrom, und das bedeutet, es besteht aus mehreren Symptomen. Und die sind individuell sehr unterschiedlich.

Und wie schnell schlittert man da hinein?

Auch das ist extrem unterschiedlich. Manchmal dauert das wenige Wochen, manchmal auch Jahre.

An diesem Modell wird klar ersichtlich, dass die ersten beiden Stufen einen sehr angenehmen Zustand beschreiben, und darin liegt das Problem: Ein Burnout-gefährdeter Mensch hat keinerlei Leidensdruck und sieht somit oft keine Veranlassung, irgendetwas zu verändern. Leider ist genau das eine der größten Schwierigkeiten in einer frühen Burnout-Therapie: Die Symptomatik muss erst einmal schwerwiegend werden, um Handlungsbedarf entstehen zu lassen. Meist gibt es dann so massive körperliche oder psychische Beschwerden, dass sich die Therapie sehr (oft extrem) langwierig und zäh gestaltet.

Der Mensch im Turbo-Modus, die Gesellschaft im Stress, die Welt im Burnout

Das Verrückte an unserer Zeit ist: Stress ist gesellschaftlich sehr anerkannt. Stress wird sogar sehr oft mit Erfolg gleichgesetzt. Ein voller Kalender wird mit einem erfüllten Leben verwechselt. Erschreckenderweise tickt unsere Gesellschaft (immer noch) so, dass Anerkennung an hohe Aktivität gekoppelt ist. Ein Mensch, der grundentspannt, gelassen und vielleicht sogar happy ist, wird schon einmal schief angesehen, jedenfalls nicht unbedingt als erfolgreich bezeichnet.

Nicht umsonst ist Burnout die erste psychische Diagnose, die gesellschaftlich akzeptiert ist, weil diese Diagnose im Umfeld von Erfolg, Höchstleistung und Stress angesiedelt ist.

Die westliche Gesellschaft ist im Turbo

Der Turbo-Mensch hat die Turbo-Gesellschaft hervorgebracht und vice versa. Beide bedingen einander und halten das System am Laufen: Der Mensch beutet sich selbst im Turbo-Modus aus und brennt bis zur Erschöpfung. Die permanent steigenden Zahlen von psychischen Erkrankungen sprechen hier für sich.
Und die Turbo-Gesellschaft beutet die Welt aus, und auch hier sind schon viele bedrohliche Anzeichen des Kollapses sichtbar: Klimawandel, Umweltverschmutzung, extreme soziale Unterschiede, knapp werdende Ressourcen, das alles sind Symptome des Welt-Burnouts. Auch die Welt braucht dringend Besinnung, Beruhigung, Reduktion, Einkehr und mehr Stille.

Runter vom Turbo

Wir sehen also: Turbo fühlt sich lange Zeit sehr gut an. Turbo macht uns produktiv und effizient, was ja gut ist. Doch andauernder Turbo wird zur Zeitbombe. Nämlich genau dann, wenn der Gegenpol fehlt. Der Gegenpol zum Turbo-Modus ist die Muße. Die Seele braucht immer wieder Regenerationsphasen, Ruhephasen, Möglichkeiten, wieder Luft zu holen. Das permanent hohe Tempo erschöpft uns. Deshalb ist es für den Turbo-Typ enorm wichtig, ganz aktiv immer wieder die Muße-Zone aufzusuchen, somit in der guten Stimmung zu bleiben, aber mit weniger Energieverbrauch.

Geschieht dies nicht, so birgt es die Gefahr, dass die Seele aus Frust in den Wut-Modus kippt oder aus Erschöpfung ins Jammertal abrutscht. Dort lauern Depression und Burnout. Sehr oft ist es dann der Körper, der streikt, wenn die Warnsignale der Seele nicht wahrgenommen wurden.

Widmen wir uns also den Strategien, mit denen es gelingen kann, vom Turbo immer wieder runterzukommen, um dem System eine Verschnaufpause zu gönnen.

Der Gegenpol zum Turbo-Modus ist die Muße. Positive Stimmung gibt es auch mit niedriger Aktivierung.

Ist der Turbo mein Leben?

Kognitive Strategien

Wenn wir beim Denken ansetzen, dann wollen wir uns zu Beginn einer wichtigen Frage stellen:

Was ist Erfolg?

Glück gibt es auch auf einem niedrigeren Level

Ein weit verbreiteter Irrtum besteht darin, Stress immer noch mit Erfolg gleichzusetzen! In der Hängematte liegen, Pause machen, genießen, faul sein, das hat maximal am Wellnesswochenende Platz.

Viele Menschen glauben nämlich:

„Nur wenn ich voll Energie bin, bin ich glücklich." – Was nicht unbedingt stimmt! Oder anders herum:

„Wenn ich wenig Energie habe, geht es mir nicht gut." – Was auch nicht immer zutrifft!

Ich kann auch auf einem sehr niedrigen Energielevel sehr glücklich sein.

Hier ein paar wichtige Zwischenfragen an Sie:

Was heißt erfolgreich sein für Sie, worin äußert sich für Sie Erfolg?

Ist es das Geld, das Sie verdienen?

Ist es das Haus, das Sie besitzen?

Ist es die Zeit, über die Sie verfügen?

Ist es Ihre Selbstbestimmung?

Nackte TATSACHE

Wie Geld glücklich machen kann

Geld macht dann glücklich, wenn es aus existenzieller Not befreit (Klein 2014). Unglücklich macht es, wenn viel zu wenig oder gar keines vorhanden ist. Sobald die Grundbedürfnisse abgedeckt sind, beginnt sich die Glückskurve umso mehr abzuflachen, je mehr verdient wird (Diener et al. 1993).

Noch mehr Geld macht nicht noch glücklicher

Geld macht nur bis zu einem gewissen Punkt glücklich, wie auch das Easterlin-Paradoxon zeigt: Obwohl der Wohlstand in unserer Gesellschaft stetig gestiegen ist, ist der Glückslevel gleich geblieben (Easterlin 1974). Im Zusammenhang mit dem geringen Effekt von steigendem Einkommen auf das Glück wird die „Hypothese der relativen Standards" diskutiert (Diener und Biswas-Diener 2002). Mit höherem Einkommen steigen ganz einfach die materiellen Ansprüche. In den Nachkriegsjahren haben sich Kinder zu Weihnachten über eine Orange und neue Schuhe gefreut – heute völlig undenkbar. Materialismus scheint sogar die Lebenszufriedenheit zu vergiften: je wichtiger das Geldverdienen, desto geringer die Lebenszufriedenheit (Bucher 2009).

Geld macht doch glücklich!

Aber Geld kann schon glücklich machen. Nämlich dann, wenn wir es für andere ausgeben. Versuchspersonen, die aufgefordert wurden, Geld für andere auszugeben, berichteten anschließend über größere Glücksgefühle als diejenigen Studienteilnehmer, die den Betrag in eigene Wünsche investierten (Dunn et al. 2008).

Schlagwort: Easterlin-Paradoxon

Worauf es nun wirklich ankommt

Wenn es nicht das Geld ist, das uns glücklich macht, was ist es dann? Um diese Frage für sich zu beantworten, kann die Perspektive des hohen Alters weiterhelfen. Wenn ein Mensch, der schon sehr alt – und somit lebenserfahren und weise – ist, auf sein Leben zurückblickt, so kann er aus dieser Position sehr gut erkennen, worauf es im Leben wirklich ankommt.

Menschen, die auf dem Sterbebett gefragt wurden, was sie in ihrem Leben gern anders gemacht hätten oder was sie anders machen würden, wenn sie noch einmal die Gelegenheit dazu hätten, kamen dann meist mit Antworten wie:

▶ Ich hätte weniger arbeiten sollen.
▶ Ich hätte mehr Zeit mit meinen Freunden verbringen sollen.
▶ Ich hätte mich mehr um mich selbst kümmern sollen.
▶ Ich würde das Leben mehr genießen.

Die Antwort „Ich hätte mehr Überstunden machen sollen" wird man vergeblich suchen. Was sollten *Sie* denn öfter tun, um Ihr Leben gehaltvoller zu machen? Denn ein gehaltvolles Leben hat eben nicht unmittelbar etwas mit dem Gehaltszettel zu tun.

Worauf kommt es in Ihrem Leben wirklich an?

||||||||||||||||||||||||||||||||||||||||||||||||||||||||||||||||||||||||||||||||||||||||||||||||||||||||||

Ein Experiment: Sätze vervollständigen

Hier laden wir Sie zu einem kleinen Experiment ein: Es folgen zwei Sätze, die unvollständig sind, es fehlt jeweils das Satzende. Bitte lesen Sie die Sätze und ergänzen Sie sie.
Nehmen Sie jene Idee, die Ihnen gleich als Erstes einfällt.

1. Heute muss ich unbedingt noch …

2. Ich muss jeden Tag …

Nun haben Sie also Ihre eigenen Satzenden kreiert. Mit diesen Satzenden machen Sie jetzt ein Experiment, indem Sie ihnen einen neuen Satzanfang bescheren, der lautet:

Ich darf nie wieder …

Wenn Sie also beispielsweise geschrieben haben „Ich muss jeden Tag aufstehen", so wird nun daraus ein „Ich darf nie wieder aufstehen".

Dumm gelaufen, oder? Es wäre ganz schrecklich, wenn Sie nie wieder aufstehen dürften! Dieser Satzumbau hat also sichtbar gemacht, dass Sie froh sein können, aufstehen zu dürfen, aufstehen zu können. Aus einem „Ich muss heute noch einkaufen gehen" wurde ein „Ich darf nie wieder einkaufen gehen".

Auch nicht wünschenswert, weil dann hätten Sie bald nichts mehr zu essen.

Wer entscheidet?

Ziel dieses Experimentes ist es, das Wort „müssen" loszuwerden. Etwas, was Sie machen *müssen*, machen Sie automatisch nicht mehr so gern, wie etwas, was Sie machen *dürfen* oder machen können oder ganz einfach *machen*. Es fühlt sich anders an, ob Sie sich denken:

- ▶ Ich muss heute ins Theater gehen, oder
- ▶ Ich will heute ins Theater gehen, oder
- ▶ Ich gehe heute ins Theater.

Das Wort „müssen" nimmt Ihnen das Gefühl der Entscheidungsfreiheit – Sie haben ja keine Wahl, weil Sie *müssen*. Es erzeugt ein Gefühl der Fremdbestimmtheit, doch Selbstbestimmung und Entscheidungsfreiheit sind ganz wichtige Bestandteile des Wohlbefindens. Wenn Sie immer nur fremdbestimmt sind, laufen Sie Gefahr, sich als Opfer zu fühlen. Selbstbestimmt fühlt sich das Leben besser an.

Schnell, schnell!

Die Sprache ist sehr mächtig. Ein einziges Wort kann ganz unbewusst das Gefühl von Unfreiheit erzeugen. Es gibt noch ein Wort, das sehr häufig verwendet wird und negative Auswirkungen auf Ihr Wohlbefinden haben kann: „schnell".

Ich gehe noch schnell einkaufen.

Ich schreibe das schnell fertig.

Was stellt dieses Wort in uns an? Es erzeugt ein Gefühl der Eile und Hektik. Es macht uns nicht unbedingt schneller, aber es macht uns gehetzter.

Sehr oft treten „muss" und „schnell" kombiniert auf. So werde ich zum Hektiker ohne Entscheidungsfreiheit:

Ich muss noch schnell …

Die Auswirkungen machen sich in jedem Fall bemerkbar, egal ob Sie diese Worte sagen, hören oder ob Sie sie sich denken. Mind your words! Das Thema Sprache wird uns noch öfter beschäftigen. (Eine Übersicht finden Sie dann im letzten Kapitel auf Seite 165).

Stress ist vielleicht geil, aber Muße ist sexy!

Behavioristische Strategien

Arbeit, Arbeit, Arbeit ... und was noch?

Lassen Sie uns nun einen Blick darauf werfen, wie Ihr Alltag so aussieht.
Was gibt es noch neben der Arbeit?

||||||||||||||||||||||||||||||||||||||||||||||||||||||||||||||||||||||||||||||||||||||||||||||||||||||||||||||||||||||||||||||||||

Energie-Input, Energie-Output

Wir möchten Sie hier zu einer kleinen Übung einladen, bei der Sie Ihren Energie-Input und -Output unter die Lupe nehmen:
Überlegen Sie in einem ersten Schritt, woher Sie in Ihrem Alltag Energie beziehen. Welche Lebensbereiche geben Ihnen Kraft?

In einem zweiten Schritt listen Sie bitte auf, wo Ihre Energie im Laufe des Tages hingeht:

Es kann durchaus vorkommen, dass ein und dasselbe Thema in beiden Listen vorkommt: Beispielsweise kann der Job sehr viel Energie fordern, mir aber (hoffentlich!) auch Energie geben. Oder laufen gehen: Das kostet Energie, aber es kann mir auch welche bringen, weil ich mich nachher gut und aufgeladen fühle.

Meine Energiequellen
Sehen Sie sich zuerst einmal Ihre Input-Liste an. Ein eindeutiges Warnsignal kann sein, wenn dort nur „Schlaf" steht, wenn Sie also gar keine anderen Energiequellen für sich haben. Ausdruck einer gesunden Balance ist es, wenn sich hier ein buntes Spektrum an Energiequellen findet: etwa Familie, Freunde, Musik machen, Gartenarbeit, Natur, kochen, Kultur ...
Diese Liste sollte unbedingt auch Tätigkeiten enthalten, die Sie in den Muße-Modus bringen, also einen niedrigen Energielevel haben und erzeugen! Wenn Ihre Liste diesbezüglich eher kurz ist, dann haben Sie hier die Möglichkeit, nach Tätigkeiten zu suchen, die für Sie umsetzbar sind, wie beispielsweise: in der Hängematte liegen, ein ausgedehntes Vollbad nehmen, Yoga praktizieren ...

Wohin fließt meine Energie?
Und dann betrachten Sie auch Ihre Output-Liste unter diesem Aspekt. Dabei ist es beunruhigend und als Alarmsignal zu interpretieren, wenn hier nur „Arbeit" steht, wenn also all Ihre Energie in die Arbeit

geht. Auch hier sollte das Spektrum bunt sein. Es ist durchaus legitim, dass ein Großteil der Energie in die Arbeit fließt, weil Sie ja wahrscheinlich auch viel Zeit damit verbringen, aber sie sollte nicht das Monopol auf Ihre Energie haben.

Achten Sie auf die Vielfalt

Sowohl bei den Energiequellen als auch bei der Überlegung, wohin Ihre Energie geht, sollte es eine Vielfalt an Lebensbereichen geben. Wenn dies nicht der Fall ist, ist es ein eindeutiger Hinweis darauf, dass Ihrer Arbeit schon zu viele Lebensbereiche zum Opfer gefallen sind. Wenn Sie sich an den Verlauf des Burnout-Syndroms (siehe „Nackte Tatsache: Kurz vor zwölf? Die zwölf Stationen der Burnout-Uhr", S. 64) erinnern, so ist zu beobachten, dass im klassischen Verlauf des Krankheitsbildes nach der Reihe Freunde, Hobbys und diverse private Aktivitäten auf der Strecke bleiben – häufig schleichend und deshalb nicht so gut wahrnehmbar.

Hier besteht die Gefahr der Selbsttäuschung, dass Sie sich vielleicht selbst belügen und denken: „Das ist ja nur derzeit so, weil ich gerade mitten in dem Projekt stecke, das wird nach Abschluss des Projektes sicher wieder besser. Dann nehme ich mir wieder Zeit für mich." Vorsicht, Falle! Haben Sie vergessen, dass sich schon das nächste Projekt in der Warteschleife befindet und wieder Ihre volle Aufmerksamkeit brauchen wird? Seien Sie da bitte ehrlich zu sich und tappen Sie nicht in die Wenn-dann-Falle.

Sehen Sie Handlungsbedarf in Ihrer Auflistung? Wenn Sie nur wenige Lebenssäulen finden konnten, die Ihnen Energie geben, sollten Sie sich auf die Suche nach weiteren Kraftquellen begeben. Das Gleiche gilt für Ihren Energie-Output: Verteilen Sie Ihre Tortenstücke gerecht.

|||||||||||||||||||||||||||||||||||||||||||||||||||||||||||||||||||||||||||||||||||||||||||||||||||||||||||||||||||||||

Energiequelle Schlaf

Schlaf sollte nicht die einzige Energiequelle sein, aber er sollte auf keinen Fall zu kurz kommen. Er ist eine ganz wesentliche Säule des Wohlbefindens und eine wichtige Regenerationsmöglichkeit.

Schlaf ist jedoch nicht nur das: Auch unser Gehirn erholt sich während der Schlafphasen und wir werden kognitiv wieder leistungsfähiger. So lernen wir leichter, wenn wir ausreichend schlafen.

Schlaf macht fit und schlau

Regenerationsmodus Schlaf

Es stimmt, Kinder wachsen im Schlaf. Während der Tiefschlafphasen schüttet unser Gehirn Wachstumshormone
aus. Diese bewirken nicht nur, dass die Kleinen allmählich
größer werden, sondern wirken sich auch bei Erwachsenen auf den Körper aus: Muskeln und Knochen werden
auf- und Fett wird abgebaut, das Immunsystem wird gestärkt und die Wundheilung beschleunigt.

Unser Körper befindet sich während Tiefschlafphasen im
Erholungsmodus: Körpertemperatur, Herzfrequenz und
Blutdruck sind niedrig und wir atmen regelmäßig und tief. Das Stresshormon Cortisol erreicht um Mit-
ternacht einen Minimalwert. Schlaf ist also die stressfreieste Zeit.

Im Schlaf wechseln sich tiefe NON-REM-Phasen mit weniger tiefen REM-Phasen ab.
© S. Anastasiadou (aus Beck et al.: Faszinierendes Gehirn, Springer-Verlag Berlin Heidelberg)

Lernen im Schlaf

Schlaf ist nicht gleich Schlaf. Mittels EEG werden unterschiedliche Schlafphasen sichtbar. In der ersten
Nachthälfte überwiegen Tiefschlafphasen, der sogenannte Non-REM-Schlaf, während wir in der zweiten Nachthälfte meist weniger tief schlafen und uns im REM-Schlaf befinden. In beiden Schlafphasen
werden Lerninhalte gefestigt.

Tiefschlaf für den Wissenserwerb

Non-REM-Schlaf-Phasen helfen dabei, Wissensinhalte und Erinnerungen zu sortieren und zu festigen.
Während der Tiefschlafphasen werden relevante von irrelevanten Informationen getrennt. Während
irrelevante Inhalte gelöscht werden, werden relevante Inhalte wiederholt, reaktiviert und auch weiter-
verarbeitet – bis hin zur Problemlösung (Anderer et al. 2011).

REM-Schlaf-Phasen und Fertigkeiten

Der REM-Schlaf hingegen unterstützt uns dabei, neue Bewegungsabläufe und Automatismen zu erwerben.
Wer eine neue Bewegungsabfolge erlernt, verweilt länger in REM-Schlaf-Phasen (Saletu und Altmann 2015).

Schlagwörter: Cortisol, Erholung, Lernen, Schlaf, Schlafphasen

Ähnlich wie beim Thema Atmen werden wir auch dem Thema Schlaf immer
wieder begegnen (siehe zum Beispiel „Nackte Tatsache: Verfinsterte Stimmung", S. 117, und „Zu viel Schlaf?", S. 133), weil chronischer Schlafmangel die
Basis diversen Übels sein kann.

Wie wäre es mit einem kleinen Schläfchen? Oder vielleicht haben Sie zumindest die Möglichkeit, sich eine kleine Pause zu vergönnen?

Hängematte, Strand oder Waldweg?

Wie können Sie es sich denn jetzt fein machen? Wollen Sie sich etwas zu trinken besorgen? Haben Sie einen Liegestuhl in der Nähe, oder sogar eine Hängematte? Können Sie einen Park aufsuchen, oder sogar ein Wäldchen, das wäre nämlich optimal für Ihre Entspannung:
Sie können auch Ihre Umgebung nutzen, um Ihren inneren Turbo etwas zu beruhigen.

Sie kennen bereits den Begriff der Affordanz (siehe „Nackte Tatsache: Wo ist Ihr Jungbrunnen?", S. 32). So wie ein Lied aus unserer Jugend zum Tanzen inspiriert, lädt die Natur zum Entspannen ein. Es macht eben einen Unterschied, ob ich auf einer Bank in der U-Bahn-Station sitze oder auf einem Holzstamm an einem Seeufer oder unter einem Apfelbaum.
So können Sie auch die Natur in Ihrer Umgebung nutzen, um zur Ruhe zu kommen. Suchen Sie einen Park auf oder zumindest einen Platz mit Grünblick.
„Ich bin sicher, dass es hilfreich ist, eine Umgebung zu schaffen, die den Geist besänftigt und beruhigt, statt die Emotionen immer wieder hochzupuschen, wie es im Westen mit Lärm, Gewalt im Fernsehen, Videospielen und Ähnlichem oft der Fall ist." (Singer und Ricard, 2008)

So, jetzt aber wirklich: Bitte Pause machen! Wenn möglich eine grüne.

Wenn nicht, so können Sie sich das zumindest vorstellen und in Ihrer Fantasie ein perfektes Mußeplätzchen kreieren. Das kann auch am Strand sein. Es ist sehr wichtig, Erfolge zu genießen, sich zu belohnen, sich selbst Gutes zu tun. Besonders wenn Ihr Turbo-Wert sehr hoch ist, vergessen Sie darauf wohl immer wieder. Deshalb:

PAUSE!!! Jetzt!

Multitasking?
Die wahre Kunst heißt Singletasking!

Sie kennen das sicher: Sie sind mitten in einer Arbeit, dann ruft jemand an. Während Sie telefonieren, machen Sie vielleicht ein bisschen weiter in Ihrem Tun; wenn das Telefonat lange dauert, holen Sie sich nebenher einen Kaffee, grüßen noch den Kollegen, den Sie am Gang treffen, und geben ihm ein

Zeichen, dass Sie ihn später aufsuchen werden. Möglicherweise machen Sie sich noch eine Notiz, weil Ihnen gerade eingefallen ist, dass Sie noch ...

Sie wissen, was ich meine: sieben Sachen zugleich machen. Ist das schlau?

Lesen und dabei ... nur lesen!

Multitasking macht uns ineffizient. Wenn wir mehrere Tätigkeiten gleichzeitig bewältigen wollen, brauchen wir länger – und machen noch dazu mehr Fehler (Paridon und Kaufmann 2010).

Wir können mehrere Tätigkeiten gleichzeitig verrichten. Tatsächlich laufen in unserem Gehirn ständig mehrere Prozesse gleichzeitig ab. Allerdings gibt es dabei eine entscheidende Einschränkung: Wir können nicht an mehrere Dinge gleichzeitig denken! Multitasking funktioniert also nur dann wirklich, wenn wir mindestens eine der Tätigkeiten automatisiert haben. Wir können gehen und gleichzeitig ein Gespräch führen, aber nicht einen Text tippen und zugleich telefonieren.

Das Gehirn im Multitasking-Modus

Es gibt tatsächlich Situationen, in denen wir das Gefühl haben, zwei Tätigkeiten gleichzeitig Aufmerksamkeit zu schenken. In diesen Situationen vollführt Ihr Gehirn einen sogenannten „Switch", einen schnellen Wechsel der Aufmerksamkeit zwischen den beiden Aufgaben. Dieser Wechsel kostet allerdings, und zwar Zeit und Energie. Das heißt: Wir brauchen länger und strengen uns unnötig an (Rogers und Monsell 1995).

Sie vollführen einen derartigen Aufmerksamkeitswechsel beispielsweise dann, wenn Sie angerufen werden, während Sie dieses Buch lesen, und abheben, aber gleichzeitig noch schnell den letzten Satz weiterlesen. Vielleicht kennen Sie das auch, dass Sie jemanden anrufen und an der Stimme genau hören, dass der Betreffende jetzt noch etwas nebenbei macht? Genau, man merkt das! (Und glauben Sie mir, wenn Sie das bei anderen erkennen – man merkt es Ihnen auch an.) Die Telefongespräche dauern auch entsprechend länger. (Am schlimmsten sind ja jene Telefonate, bei denen beide gleichzeitig etwas anderes machen – die können eine Ewigkeit dauern.)

Apropos Handy: Telefonieren Sie beim Autofahren?

Zahlreiche Studien beschäftigen sich mit unserer Multitasking-Fähigkeit. Ein beliebtes Thema: das Handy-Verbot am Steuer. Tatsächlich führt ein Telefongespräch während der Autofahrt zu einer verlängerten Reaktionszeit und Fahrfehlern (Strayer und Johnston 2001). In dieser Hinsicht sind sich Studien einig, wie es die Expertin für Verkehrssicherheit, Anne McCartt, in einer Übersichtsarbeit zusammenfasst. Um die Telefonnutzung von >>>

Unfalllenkern nachzuweisen, wurden Daten von Mobilnetzbetreibern ausgewertet. Wer gleichzeitig telefoniert und Auto fährt, erhöht sein Unfallrisiko um das Vierfache. Dieser Effekt ist unabhängig von Alter und Geschlecht. Bemerkenswerterweise ändern auch Freisprechanlagen an dieser erhöhten Unfallwahrscheinlichkeit nichts (McCartt et al. 2006). Das Handy am Steuer ist ein Risikofaktor – mit oder ohne Freisprechanlage.

Multitasken Sie am Arbeitsplatz?

Eyal Ophir beschäftigte sich im Rahmen seiner Forschungstätigkeiten an der Universität Stanford mit der Frage, wie sich die gleichzeitige Arbeit mit verschiedenen Medien auf den Arbeitsalltag auswirkt. Er unterteilte seine Versuchspersonen je nach Arbeitsgewohnheit in leichte und schwere Multitasker. Auch seine Arbeit bestätigt: Multitasking erhöht Fehlerhäufigkeit und Reaktionszeit.

Dabei zeigte sich, dass just schwere Multitasker Schwierigkeiten haben, zwischen verschiedenen Aufgaben erfolgreich zu wechseln und unwichtige Elemente zu filtern (Ophir et al. 2009). Unklar war jedoch, ob die schlechte Leistung durch das Multitasking verursacht ist oder ob Personen, die sich schlechter konzentrieren können, eher zu Multitasking neigen (Paridon und Kaufmann 2010). Multitasking beeinträchtigt unsere Konzentrationsfähigkeit nachhaltig und führt so zu einer langfristig erhöhten Fehleranfälligkeit (Ophir et al. 2009).

Können wir Multitasking trainieren?

Während Ophir die negativen Konsequenzen von Multitasking betont, zeigt sich in anderen Studien, dass wir unsere Fähigkeit zum Multitasking trainieren können – zumindest bis zu einem gewissen Grad (Van Selst und Jolicoeur 1997; Van Selst et al. 1999). In den erwähnten Studien hat sich gezeigt, dass sich die Zeitverzögerung durch den Aufmerksamkeitswechsel zwischen verschiedenen Tätigkeiten durch Training reduzieren, jedoch nicht eliminieren lässt. Auch für geübte Multitasker heißt es demnach: Singletasking ist schneller und effektiver. Multitasking ist letztlich nur dann sinnvoll, wenn wir eine Aufgabe automatisiert durchführen können.

Mit ein wenig Übung wird dann diese Tätigkeit automatisiert und benötigt weniger Aufmerksamkeit, und Multitasking wird möglich.

Die Multitasking-Illusion

Wenn Multitasking so ineffizient ist, warum machen wir dann ständig alles gleichzeitig? Trotz der klaren Studienergebnisse verweisen Versuchspersonen auf ein subjektives Gefühl der Effizienz, wenn sie Multitasking betreiben, während sie strenge Singletasking-Szenarien als anstrengend empfinden (Lehle et al. 2009). Singletasking langweilt uns, während wir beim Multitasken das Gefühl haben, viel zu schaffen, auch wenn uns unser Gefühl täuscht – und genau das ist die Multitasking-Falle.

Schlagwörter: Aufmerksamkeit, Multitasking, Switch

Chill down: den Turbo-Modus verlassen

Körperliche Strategien

Erfreulicherweise gibt es ja wirklich sehr viele Möglichkeiten, den Turbo zwischendrin immer wieder einmal zu bremsen. In diesem Abschnitt widmen wir uns den körperlichen Strategien.

Wenn du es eilig hast, dann gehe langsam

Dieses chinesische Sprichwort kennen Sie sicher, und dieser Gedanke ist wirklich eine höchst alltagstaugliche Strategie, das innere Tempo zu reduzieren.

Die Metapher des inneren Hamsterrades ist bei dieser Übung hilfreich.
Je schneller der Hamster läuft, desto schneller dreht sich das Rad.
Was müssten Sie tun, damit sich Ihr Rad langsamer dreht?
Welche Möglichkeiten haben Sie, es zu verlangsamen? Nützen Sie die Möglichkeit des Bodyfeedbacks, das enge Zusammenspiel von Körper und Befindlichkeit.

||||||||||||||||||||||||||||||||||||||||||||||||||||||||||||||||||||||||||||||||||||||||||||||||||||||||||||||||||||

Das innere Hamsterrad verlangsamen

Zu dieser Übung gibt es eine akustische Anleitung in unserer App.

Diese Übung ist eine Körperübung! Es ist daher wenig sinnvoll, wenn Sie die Übungsanleitung nur lesen und nicht auch in der Praxis probieren. Deshalb empfehlen wir Ihnen, dass Sie, nachdem Sie die Anweisung durchgelesen haben, aufstehen und die vorgeschlagenen Ideen gleich umsetzen. Sie sollen nämlich verschiedene Gangarten ausprobieren.
Gehen Sie in einem ersten Durchgang so, wie Sie üblicherweise gehen. Dann beginnen Sie zu experimentieren:

Sie gehen ein klein wenig schneller als üblich, dann noch ein kleines bisschen schneller, die Veränderung braucht nicht sehr stark zu sein.
Danach gehen Sie ein bisschen langsamer, dann noch langsamer, immer wieder eine kleine Stufe verlangsamt.

Sie können auch die Schrittlänge variieren: kleinere Schritte, noch kleinere Schritte, noch kleinere, größere, noch größere …

Manchmal hat eine kleine Veränderung eine große Wirkung. Erfahrungsgemäß ist es auch hier so.

Wir können Ihnen nicht sagen, welches Tempo zu einer Verlangsamung Ihres Hamsterrades beiträgt, das können Sie nur selbst herausfinden. Jedenfalls hat das körperliche Tempo einen massiven Einfluss auf Ihr inneres Tempo. Über das Außen verändert sich das Innen. Probieren Sie es doch gleich einmal aus.

IIIIIIIIIIIIIIIIIIIIIIIIIIIIIIIIIIIIIIIIIIIIIIIIIIIIIIIIIIIIIIIIIIIIIIIIIIIIIIIIIIIIIIIIIIIIIIIIIIIIIII

Dass das Schritttempo eine so starke Rückwirkung auf unser Wohlbefinden hat, merken Sie daran, wie schwierig bzw. nervig es mitunter sein kann, wenn Sie mit jemandem spazieren gehen, der ein anderes Tempo anschlägt als Sie selbst.

Wenn jemand viel langsamer geht, so kann das anstrengend sein, ebenso ein Tempo, das viel höher ist als Ihr eigenes. Das Tempo ist eben individuell sehr unterschiedlich. Und: Es ist auch sehr situationsabhängig. Sie haben ein anderes Tempo, wenn Sie in der Früh zur Arbeit gehen, wenn Sie von A nach B wollen, wenn Sie durch ein Museum schlendern oder wenn Sie eine Wanderung machen.

Die Museums-Gangart kann Ihnen möglicherweise helfen, auf dem Weg nach Hause zu mehr Muße zu kommen. Es ist einen Versuch wert. Sie „verlieren" vielleicht eine Minute oder zwei. In Wirklichkeit ist aber der ganze Weg möglicherweise genussvoller geworden. Sie haben Zeit für sich selbst gewonnen, in dem Sinne, dass sie als angenehm und beruhigend empfunden wurde.

IIIIIIIIIIIIIIIIIIIIIIIIIIIIIIIIIIIIIIIIIIIIIIIIIIIIIIIIIIIIIIIIIIIIIIIIIIIIIIIIIIIIIIIIIIIIIIIIIIIIIII

Ich atme mich langsam

Das Gleiche (wie in der vorigen Übung) können Sie auch über die Atmung erreichen:

Wenn Sie gestresst sind, wenn Ihr inneres Hamsterrad ein hohes Tempo hat, so verflacht sich automatisch Ihre Atmung. Auch hier können Sie auf der Körperebene gegensteuern: Eine verlangsamte, tiefere Atmung ist ein ganz einfacher Beitrag dazu, zu einer inneren Verlangsamung zu gelangen. Sie werden bemerken, die Atmung trägt viel zu unserem Befinden bei. Darum ist dies auch nicht die erste und nicht die letzte Atemübung, die wir Ihnen präsentieren. Eine Übersicht finden Sie im letzten Kapitel ab Seite163.

IIIIIIIIIIIIIIIIIIIIIIIIIIIIIIIIIIIIIIIIIIIIIIIIIIIIIIIIIIIIIIIIIIIIIIIIIIIIIIIIIIIIIIIIIIIIIIIIIIIIIII

Anspannungen lösen

Meist entgeht es ja unserer Aufmerksamkeit, wie hoch das innere Tempo ist,
wie sehr man schon am Limit ist, weil die Entwicklung schleichend verläuft und
die Überbelastung lange nicht spürbar ist – sehr oft erst viel zu spät.
Es gibt eine wundervolle Technik, die Anspannung bewusst zu erhöhen, um
dann ganz bewusst und höchst erlösend loszulassen: die progressive Muskel-
entspannung nach Jacobson (Jacobson und Höfler 2006).

||||||||||||||||||||||||||||||||||||||||||||||||||||||||||||||||||||||||||||||||||||||||||||||||||||||

Anspannen – entspannen

Diese Übung ist sehr einfach und sehr effektiv. Suchen Sie sich ein angenehmes Plätzchen, wo Sie für
einige Minuten ungestört sind, und beginnen Sie mit ein paar tiefen Atemzügen, um sich auf diese
Übung einzustimmen.
Dann spannen Sie nach der Reihe jeweils einen Muskel oder eine Muskelgruppe an, halten diese
Spannung für circa fünf Sekunden, um danach ganz bewusst loszulassen und zu entspannen. Diese
Entspannung machen Sie sich nun bewusst. Durch die vorangegangene Anspannung ist die Entspannung
meist sehr deutlich spürbar und wird als angenehm erlebt. Sie können nun mit verschiedensten Muskeln
oder Muskelgruppen so verfahren.
Fünf Sekunden anspannen, zehn Sekunden bewusst entspannen und nachspüren – kleine Pause, dann
der nächste Durchgang.

Hier ein paar Ideen für diese Übung:

- ▶ Faust ballen
- ▶ Gesicht zusammenkneifen
- ▶ Stirn runzeln
- ▶ Zunge an den Gaumen pressen
- ▶ Schulterblätter nach hinten ziehen
- ▶ Schultern hochziehen
- ▶ Bauchmuskeln anspannen
- ▶ Füße in den Boden pressen
- ▶ Lippen aufeinanderpressen …

||||||||||||||||||||||||||||||||||||||||||||||||||||||||||||||||||||||||||||||||||||||||||||||||||||||

Diese Übung erfordert einiges an Kraft. Wenn Sie es lieber ruhiger angehen und sich etwas Wohltuendes gönnen wollen (Gratulation!), dann wird die Augenwellness genau das Richtige für Sie sein.

Augenwellness

Die Augen haben sowieso in unserem Leben unglaublich viel zu tun und bekommen im Normalfall viel zu wenig Aufmerksamkeit. Daher empfehlen wir, immer wieder auch einmal die Augen zu verwöhnen und ihnen eine wohlige Pause zu gönnen.

|||||||||||||||||||||||||||||||||||||||||||||||||||||||||||||||||||||||||||||||||||||||||||||||||||||||||||||

Balsam für die Augen

Diese Übung eignet sich bestens für zwischendurch und braucht nicht viel Zeit, freut sich aber über mehr Zeit. Hier werden Ihre Augen verwöhnt. (Wenn Sie eine Brille tragen, dann legen Sie diese für die Übung bitte kurz ab.) Sie beginnen nun damit, dass Sie Ihre Hände aneinanderreiben, insbesondere die weichen Stellen, die in Verlängerung des kleinen Fingers Ihre Handflächen begrenzen.

Diese fleischigen Teile Ihrer Handflächen reiben Sie nun aneinander, bis sie gut warm sind. Dann legen Sie diese warmen Pölsterchen ganz, ganz behutsam auf Ihre geschlossenen Augen – mit der Idee, dass Sie Ihren Augen Gutes tun, dass Ihre Augen einen kurzen Wellnessurlaub haben und mit Ruhe und Wärme verwöhnt werden. Diese wohltuende Pause für die Augen genießen Sie ein, zwei Minuten, dann lösen Sie behutsam und sanft wieder Ihre Hände, und ganz allmählich und langsam öffnen Sie wieder Ihre Augen. So tun Sie nicht nur Ihren Augen Gutes, durch die Langsamkeit der Übung sorgen Sie für eine Verlangsamung Ihres inneren Hamsterrades.

|||||||||||||||||||||||||||||||||||||||||||||||||||||||||||||||||||||||||||||||||||||||||||||||||||||||||||||

Das Jetzt – alle Sinne wecken

Mit der Aufmerksamkeit ganz im Jetzt zu sein, das ist scheinbar das Einfachste der Welt, jedes Kind kann das. Und doch fällt es uns als Erwachsenen oft so schwer. Man sagt auch: „It's simple, but not easy." Wenn es Ihnen gelingt, mit all Ihren Sinnen in der Gegenwart zu sein, Sie sich im Gewahrsein üben, so haben Sie schon sehr viel erreicht.

Sie können dieses Gegenwärtigsein auf zwei Arten trainieren:

Achtsam im Außen

Zu dieser Übung gibt es eine akustische Anleitung in unserer App.

Fahren Sie Ihre Antennen aus und wecken Sie alle Sinne.

Nehmen Sie sich drei Minuten Zeit, um Ihre momentane Umgebung genau zu studieren:

- ▶ Wie sieht es hier aus? Was können Sie alles sehen und entdecken?
- ▶ Welche Geräusche können Sie wahrnehmen?
- ▶ Wie riecht es hier?

Im Genusstraining (siehe S. 133) gibt es eine erweiterte Version des Jetzt. Wenn es in Ihrer momentanen unmittelbaren Umgebung nichts Sehenswertes, Hörenswertes, Riechenswertes gibt, können Sie sich dennoch sehr genussvoll ins Hier und Jetzt holen, indem Sie Ihre Aufmerksamkeit ganz nach innen richten.

Achtsam im Innen

Schließen Sie Ihre Augen:

- ▶ Richten Sie Ihr Interesse auf Ihre Atmung. Sie beobachten, wie Sie ein- und wieder ausatmen, ohne die Atmung zu verändern.
- ▶ Sie richten die Aufmerksamkeit auf Ihre Haltung: Wie sitzen Sie da? Aufrecht, gebeugt, mit hängenden oder hochgezogenen Schultern?
- ▶ Sie richten Ihr Augenmerk auf Ihren Rücken: Sind Sie angelehnt, oder ist Ihr Rücken frei? Wie fühlt sich das an? Kann Ihr Rücken ein bisschen Bewegung gebrauchen?
- ▶ Sie richten Ihre Aufmerksamkeit auf Ihre Füße: Sind sie in Schuhe eingezwängt oder haben sie ausreichend Platz? Welche Temperatur haben Ihre Füße?
- ▶ Sie erspüren Ihre Gesichtsmuskulatur: Ist sie angespannt oder entspannt?
- ▶ Genießen Sie es, kurz innezuhalten und durch diese Innenschau wieder ein bisschen zur Ruhe zu kommen, das innere Tempo zu reduzieren und auch Ihrer Seele Gutes zu tun.

Ich Turbo. Du Turbo. Wir Turbo!

Der Turbo im Team

Turbo-Menschen im Team zu haben ist naturgemäß höchst praktisch: Sie sind außergewöhnlich leistungsfähig, einsatzfreudig und belastbar – zumindest eine Zeit lang! Da wird ein hohes Tempo gegangen, es gibt überzeugende Ergebnisse, Erfolg stellt sich ein, weil der Einsatz groß ist. Aber es lauern auch Gefahren. Gern werden sie lange Zeit verleugnet oder ignoriert.

Ein Turbo-Chef kann mitunter ganz schön anstrengend sein. Der hohe Leistungsanspruch, den er an sich selbst hat, wird meist an das Team weitergegeben. Das Burnout liegt somit in der Luft, sofern sich Mitarbeiterinnen und Mitarbeiter vom überhöhten Tempo und der übersteigerten Arbeitsintensität anstecken lassen – und oft bleibt ihnen nichts anderes übrig.

Per se ist ja der Turbo-Modus nichts Schlechtes – ganz im Gegenteil, der Turbo verhilft nicht nur zu Flow-Erlebnissen, sondern auch zu guten Ergebnissen. Es kommt immer auf das Ausmaß an und vor allem auch auf die Dauer!

Die Ansteckungsgefahr des hohen Energielevels birgt eine riskante Eigendynamik. Wir können kaum der Versuchung widerstehen, Vergleiche zu ziehen.

Nackte TATSACHE

Ist das Gras auf der anderen Seite immer grüner?

In Tierversuchen werden etwa Affen gern mit kleinen Belohnungen zur Erfüllung der gestellten Aufgaben motiviert: Ein Stückchen Gemüse oder Obst reicht zumeist aus, um zum Mitspielen anzuregen. Doch offensichtlich haben die Primaten Vorlieben. Ein Affe, der sich bisher mit wässrigen Gurken als Belohnung zufriedengegeben hat, verliert schnell die Lust an den Experimenten, wenn er merkt, dass der Affe im Nachbarkäfig süße Weintrauben als Belohnung erhält (Brosnan und de Waal 2003).

Sind wir wie die Affen?

Ich will mehr als die anderen!

In einem Experiment hatten die Versuchspersonen die Wahl zwischen zwei Optionen: Bei der ersten Option verdiente man 90.000 $ im Jahr, die Kollegen bekamen 70.000 $. Bei Option zwei lockte man mit 100.000 $ Gehalt, die Kollegen allerdings erhielten 150.000 $.

Die Hälfte der Versuchspersonen entschied sich für Option eins, das heißt, sie verzichteten auf 10.000 $ pro Jahr, nur damit sie mehr verdienten als die Kollegen (Lyubomirsky und Ross 1997).

Schlagwörter: Team, Vergleiche, Zufriedenheit

Es ist also – wie dieses Experiment zeigt – für die Hälfte der Personen vorrangig, besser dazustehen als der Kollege. Wenn der Kollege sehr viel arbeitet, dann arbeite ich selbst noch mehr. Wenn meine Kollegin viel verdient, will ich noch mehr verdienen. Wenn mein Kollege zwei Überstunden macht, so mache ich drei. Das kann an dem Bestreben liegen, sich mit anderen messen zu wollen.

In manchen Systemen wird der Dauerturbo verordnet. Da heißt es: Mitmachen oder du bist draußen. Oft ist der Turbo aber selbst gemacht: Das Bedürfnis, sich ständig mit anderen zu vergleichen, ein schlechtes Gewissen, weil die Kollegen überlastet sind, ein überhöhter Perfektionsanspruch an sich selbst – wie auch immer es dazu kommt, ein hohes Tempo wird oft fast unmerklich weiter gesteigert, der Turbo-Modus beschleunigt sich und schraubt sich immer höher und höher in den Superturbo. Das bringt kurzfristig zwar gute Geschäftszahlen, ist auf längere Sicht betrachtet aber kontraproduktiv. Stetig steigende Burnout-Zahlen zeigen das.

Mein Turbo

Zum Abschluss wollen wir das Turbo-Kapitel noch einmal Revue passieren lassen, damit Sie eine Auswahl treffen können, welche Strategien für Sie wirksam sind.

Wir empfehlen Ihnen, suchen Sie sich gleich hier und jetzt eine Strategie aus, die Sie regelmäßig anwenden möchten, auch wenn Sie subjektiv noch gar keinen Leidensdruck wahrnehmen.

Sobald Ihr Turbo-Wert höher ist als der Muße-Wert, empfehlen wir Ihnen, schon vorsorglich aktiv zu werden. Und seien Sie geduldig mit sich.

Auch das ist ein Teil der Selbstfürsorge.

Kognitive Strategien

- ☐ Was heißt erfolgreich sein für mich? (S. 67)
- ☐ Weniger „müssen" (S. 69)
- ☐ Weniger „schnell, schnell" (S. 70)

Behavioristische Strategien

- ☐ Energie-Input, Energie-Output (S. 71)
- ☐ Energiequelle Schlaf (S. 72)
- ☐ Hängematte oder Waldweg? (S. 74)
- ☐ Singletasking (S. 74)

Körperliche Strategien

- ☐ Langsamer durchs Hamsterrad (S. 77)
- ☐ Ich atme mich langsam (S. 78)
- ☐ Anspannungen lösen (S. 79)
- ☐ Augenwellness (S. 80)
- ☐ Achtsam im Außen (S. 81)
- ☐ Achtsam im Innen (S. 81)

Anderer P, Gruber G, Parapatics S, et al (2011) FC07-04 - Electrophysiological neuroimaging reveals re-set, re-activation and re-processing of procedural and declarative memory traces during post-training sleep. Eur Psychiatry 26:1849. doi: 10.1016/S0924-9338(11)73553-2

Beck H, Anastasiadou S, Meyer zu Reckendorf Ch. (2016) Faszinierendes Gehirn, Springer-Verlag Berlin Heidelberg

Brosnan SF, de Waal FBM (2003) Monkeys reject unequal pay. Nature 425:297–299. doi: 10.1038/nature01963

Bucher A (2009) Psychologie des Glücks: Ein Handbuch, Beltz, Weinheim u. a.

Creed MC, Ntamati NR, Tan KR (2014) VTA GABA neurons modulate specific learning behaviors through the control of dopamine and cholinergic systems. Front Behav Neurosci. doi: 10.3389/fnbeh.2014.00008

Diener E, Biswas-Diener R (2002) Will Money Increase Subjective Well-Being? Soc Indic Res 57:119–169. doi: 10.1023/A:1014411319119

Diener E, Sandvik E, Seidlitz L, Diener M (1993) The relationship between income and subjective well-being: Relative or absolute? Soc Indic Res 28:195–223. doi: 10.1007/BF01079018

Dunn EW, Aknin LB, Norton MI (2008) Spending Money on Others Promotes Happiness. Science 319:1687–1688. doi: 10.1126/science.1150952

Easterlin RA (1974) Does economic growth improve the human lot? Some empirical evidence. Nations Househ Econ Growth 89:89–125.

Everitt BJ, Wolf ME (2002) Psychomotor stimulant addiction: a neural systems perspective. J Neurosci Off J Soc Neurosci 22:3312–3320. doi: 20026356

Fiorino DF, Coury A, Phillips AG (1997) Dynamic changes in nucleus accumbens dopamine efflux during the Coolidge effect in male rats. J Neurosci Off J Soc Neurosci 17:4849–4855.

Freudenberger H, North G (1992) Burn-out bei Frauen. Fischer Taschenbuch, Frankfurt am Main

Jacobson E, Höfler R (2006) Entspannung als Therapie. Progressive Relaxation in Theorie und Praxis. Klett-Cotta / J. G. Cotta'sche Buchhandlung Nachflg, Stuttgart

Klein S (2014) Die Glücksformel: oder Wie die guten Gefühle entstehen, Fischer Taschenbuch, Frankfurt am Main

Lehle C, Steinhauser M, Hübner R (2009) Serial or parallel processing in dual tasks: what is more effortful? Psychophysiology 46:502–509.

Lyubomirsky S, Ross L (1997) Hedonic consequences of social comparison: A contrast of happy and unhappy people. J Pers Soc Psychol 73:1141–1157. doi: 10.1037/0022-3514.73.6.1141

McCartt AT, Hellinga LA, Bratiman KA (2006) Cell phones and driving: review of research. Traffic Inj Prev 7:89–106. doi: 10.1080/15389580600651103

Nestler EJ (2001) Molecular basis of long-term plasticity underlying addiction. Nat Rev Neurosci 2:119–128. doi: 10.1038/35053570

Olds J, Milner P (1954) Positive Reinforcement Produced By Electrical Stimulation Of Septal Area And Other Regions Of Rat Brain. J Comp Physiol Psychol 47:419–427. doi: 10.1037/h0058775

Ophir E, Nass C, Wagner AD (2009) Cognitive control in media multitaskers. Proc Natl Acad Sci 106:15583–15587. doi: 10.1073/pnas.0903620106

Paridon HM, Kaufmann M (2010) Multitasking in work-related situations and its relevance for occupational health and safety: Effects on performance, subjective strain and physiological parameters. Eur J Psychol 6:110–124. doi: 10.5964/ejop.v6i4.226

Rogers RD, Monsell S (1995) Costs of a predictable switch between simple cognitive tasks. J Exp Psychol Gen 124:207–231. doi: 10.1037/0096-3445.124.2.207

Saletu B, Altmann S (2015) Faszination Schlaf. Schäfchen zählen war gestern, Maudrich, Wien

Schymanski I, Hopf H (2015) Im Teufelskreis der Lust: Raus aus der Belohnungsfalle!, Schattauer, Stuttgart

Singer W, Ricard M (2008) Hirnforschung und Meditation: ein Dialog, Suhrkamp, Frankfurt am Main

Strayer DL, Johnston WA (2001) Driven to distraction: dual-Task studies of simulated driving and conversing on a cellular telephone. Psychol Sci 12:462–466.

Van Selst M, Jolicoeur P (1997) Decision and Response in Dual-Task Interference. Cognit Psychol 33:266–307.

Van Selst M, Ruthruff E, Johnston JC (1999) Can practice eliminate the Psychological Refractory Period effect? J Exp Psychol Hum Percept Perform 25:1268–1283. doi: 10.1037/0096-1523.25.5.1268

Xi Z-X, Ramamoorthy S, Shen H, et al (2003) GABA transmission in the nucleus accumbens is altered after withdrawal from repeated cocaine. J Neurosci Off J Soc Neurosci 23:3498–3505.

5. Die Wut

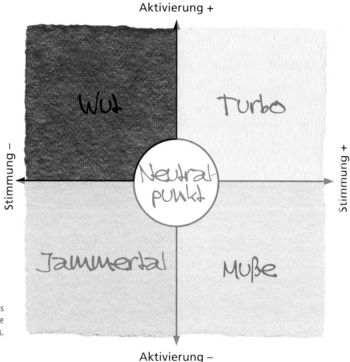

Die Wut: Im Modell des Stimmungsraums zeichnet sich der Wut-Bereich durch hohe Aktivierung und negative Stimmung aus.

In diesem Quadranten ist nicht nur die Wut angesiedelt, sondern auch der Ärger, der Zorn und der Frust. Bezeichnend für diesen Bereich ist eine unangenehme Stimmung mit hohem Energielevel in all ihren unterschiedlichen Qualitäten und Intensitäten.

Haben Sie beim Emotionstest einen sehr hohen Wert im Bereich der Wut erzielt? Dann erfahren Sie hier, wie Sie der Wut besser Herr (oder Frau) werden können und wie es Ihnen gelingen kann, mehr Gelassenheit in Ihr Leben zu bringen. Auch im Kapitel „Der Neutralpunkt" finden Sie Tipps, um Ihre Wut einzudämmen!

Leben ohne Wut?

Jede Emotion – so auch Wut – hat evolutionstheoretisch ihre Berechtigung und macht prinzipiell durchaus Sinn. Es kommt jedoch dabei auf die *Intensität* an, auf die *Häufigkeit* und auf die *Dauer*! Die Ausprägungen unserer Gefühls-regungen sind kulturabhängig, aber auch Temperamentsache. Was nicht hei-ßen soll, dass sie nicht veränderbar sind! Genau darum geht es hier: Sie werden lernen, steuernd einzugreifen.

Wut ist eine Emotion, die generell im Leben eine wichtige Funktion hat: Sie ist dazu da, eine Situation, die nicht Ihren Vorstellungen entspricht, zu korrigieren. Durch sie wird Energie freigesetzt, die Sie aktiv werden lässt, sich zu wehren und Ihre Position zu vertreten. Sie erhöht die Tatkraft und ermöglicht Aktion und Fokussierung. Für diese Aspekte können Sie der Wut danken, sofern sie nicht überhandnimmt.

Darüber hinaus haben Emotionen eine ganz wichtige Funktion in der Kom-munikation: Ihr Gegenüber kann an den Veränderungen Ihrer Mimik, Ihrer Körpersprache, Ihres Tonfalls, Ihrer Gestik wahrnehmen, wie es Ihnen geht, und so vorausahnen, dass möglicherweise eine heftige Reaktion Ihrerseits bevorsteht – was gut so ist.

Wut und Ärger sind per se nichts Schlechtes und in manchen Situationen höchst angemessen. Ein Mensch, der sich nie ärgert, der all seine Emotionen „schluckt", wird es schwer haben, seine Position zu vertreten, seine Grenzen zu wahren. Darüber hinaus steigt auch die Gefahr psychosomatischer Erkrankungen, wenn Emotionen nie Ausdruck verliehen wird. Ärgerliche Reaktionen sind mitunter durchaus angemessen.

Du ärgerst dich doch auch nie?

Oh doch, unlängst habe ich mich sehr geärgert. Mein Auto war voll beladen mit Brennholz und ich suchte einen Parkplatz möglichst nah bei meiner Wohnung, was gar nicht so leicht ist. Und glücklicherweise war ziemlich genau vor meiner Haustür eine Parklücke. Ich stellte mich hin, um im Rückwärtsgang einzuparken, als ein kleines Auto mir den Parkplatz einfach wegschnappte.

Das ist aber tatsächlich arg! Und da hast du dich geärgert?

Ja, sogar sehr. Das ist in dem Fall ja auch legitim. Aber jetzt ist es entscheidend, wie stark ist der Ärger, wie lange ärgere ich mich und wie oft wärme ich den Ärger auf, indem ich die Geschichte immer und immer wieder erzähle.

Ja, wäre zum Beispiel blöd, sogar in einem Buch darüber zu schreiben.

Entscheidend ist also:

- **Wie stark ist die Emotion?** Bekomme ich einen ausgewachsenen Wutanfall? Oder aber gelingt es, dem Ärger angemessen Ausdruck zu verleihen – ihn also nicht zu schlucken –, aber auch nicht zu gigantisch werden zu lassen.
- **Wie lange dauert der Ärger an?** Ärgere ich mich drei Minuten oder „versaut" mir diese Aktion den halben Tag? Welche Strategien habe ich zur Verfügung, Ärger auch wieder loszuwerden? (Dazu finden Sie Übungen in diesem Kapitel, ebenso im Kapitel „Der Neutralpunkt".)
- **Wie oft wird der Ärger aufgewärmt?** Wie oft erzähle ich von diesem Ereignis? Und wie lange erinnere ich mich daran? Diese Frage ist sehr spannend und ich möchte mich ihr etwas ausführlicher widmen, weil es hier ein großes Potenzial gibt, die Häufigkeit von unangenehmen Emotionen zu reduzieren.

Wut macht wütend

Es ist ein weit verbreiteter Irrtum, zu glauben, dass es wichtig ist, die Wut herauszulassen.

Nackte TATSACHE

Wut abreagieren? Besser nicht!

Bereits in den 70er- und 80er-Jahren des letzten Jahrhunderts (Warren und Kurlychek 1981) wurde in ersten wissenschaftlichen Arbeiten widerlegt, was zahlreiche populärwissenschaftliche Ratgeber immer noch empfehlen: Wut wird nicht reduziert, wenn wir sie herauslassen (Nolting 2005). Im Gegenteil: Da sich emotionale Zustände trainieren lassen, können wir auch die Wut trainieren. Wer häufig wütend ist, wird demnach auch leichter reizbar.

Wer seinen Aggressionen freien Lauf lässt und beispielsweise auf einen Sandsack einschlägt, reagiert in einem anschließenden Konkurrenzspiel sogar aggressiver als Kontrollpersonen, die ihrem Ärger nicht Luft machen durften (Bushman et al. 1999).

Wer schimpft, ärgert sich noch mehr

Es muss ja nicht gleich körperliche Gewalt sein, wir machen unserem Ärger auch gerne verbal Luft. Geht es uns nach so einer Schimpftirade tatsächlich besser? Leider nein, zeigt eine Studie, in der 200 Ingenieuren und Technikern kurz nach der Kündigung Fragen zu Firma und Vorgesetzten vorgelegt wurden. Manche Fragen verleiteten suggestiv zum Jammern und Schimpfen, und zwar entweder über die Firma oder über einen Vorgesetzten; etwa: „Gibt es Aspekte des Unternehmens, die Sie nicht mögen?" oder „Fallen Ihnen Situationen ein, in denen Sie Ihr Vorgesetzter unfair behandelt hat?". Das klare Ergebnis: Wer seinen Ärger gedanklich auf einen konkreten Inhalt richtet, erhöht sein Aggressionspotenzial für dieses Motiv. Themen, über die im Rahmen der Befragung ärgerlich gesprochen wurde, wurden   >>>

auch anschließend negativer bewertet. Wer also mit gezielten Fragen zu ärgerlichen Aussagen über den Chef verleitet wurde, beurteilte anschließend diesen Chef besonders negativ, nicht aber die Firma. Wer hingegen Fragestellungen beantwortete, die negative Aussagen über die Firma zuließen, beurteilte seine Vorgesetzten neutraler, gab aber über die Firma ein schlechteres Zeugnis ab (Ebbesen et al. 1975). Beschimpfungen helfen nicht, Ärger zu reduzieren, wie auch eine weitere Studie zeigt. Versuchspersonen sollten an einen Provokateur in einer kurz zurückliegenden Ärger-Situation denken. In einer fiktiven Gegenüberstellung durften sie ihrer Wut nun freien Lauf lassen. Es zeigte sich, dass sich dadurch aber ihre Aggressionsbereitschaft sogar steigerte, wie sich in der anschließenden Kontrollsituation zeigte. Die Studienteilnehmer hatten dann die Möglichkeit, eine Person in einem anderen Raum mit einem lauten Geräusch zu bestrafen, sobald diese einen Fehler machte. Wer im Vorfeld seinem Ärger Luft machen durfte, wählte anschließend härtere Bestrafungen als die Kontrollgruppe.

Perspektivenwechsel statt Abreagieren

Eine weitere Gruppe an Versuchspersonen wurde zu einem anderen Umgang mit einer erinnerten Wutsituation angeleitet: Sie sollten in einem Rollenspiel ihre eigenen Emotionen analysieren, aber auch die Rolle des Provokateurs, was tatsächlich ihre Bereitschaft, hart zu strafen, reduzierte. Die Studienautoren schließen daraus, dass kognitive Reflexionsprozesse effektivere Methoden der Wutreduktion darstellen als die populäre Entladungs-Hypothese (Bohart 1977).

Schlagwörter: Aggression, Entladungs-Hypothese, Neuroplastizität

Ist Ihnen schon aufgefallen, dass „ärgern" ein Reflexivverb ist? Es ist rückbezüglich, das heißt, SIE ärgern SICH. Diese sprachliche Formulierung macht deutlich, dass wir selbst einen Anteil an unserem eigenen Ärger haben.
Alternativvorschlag: **Ärgern SIE SICH NICHT!**

Anti-Wut-Challenge

Körperliche Strategien

Der Körper reagiert, wenn wir im Stress sind, immer noch archaisch – eine hochkomplexe Reaktion, die prinzipiell sehr sinnvoll ist und unser Überleben sichert, zumindest in einer brenzligen Situation. Aber auf Dauer kann die Stressreaktion selbst zur Gefahr werden.

„Wenn wir aufhören, Holz ins Feuer zu legen, und nichts weiter tun, als zusehen, dann wird das Feuer schon bald verlöschen." (Singer und Ricard 2008)

Der Körper ist in stressigen Situationen eben in Alarmzustand. Aber es ist möglich, auf körperlicher Ebene Signale zu setzen, die in einer Feedbackschleife dem System vermitteln: alles in Ordnung. Der einfachste Weg, hier für Beruhigung zu sorgen, ist die Atmung.

Echt jetzt? Schon wieder atmen?

Na, hast du die letzten Atemübungen gemacht?

Nein. Aber ich habe sie gelesen.

Die Atemübungen solltest du echt auch ausprobieren! Es gibt einen Grund, warum ich so oft auf die Atemübungen verweise. Die Atmung ist eine mächtige Methode, auf unser Befinden einzuwirken. Durch die verlangsamte, vertiefte Atmung gibst du deinem System den Impuls zur Entwarnung. Sowohl der Körper als auch die Seele interpretieren die ruhige Atmung als „Alles in Ordnung!" – und Beruhigung darf sich ausbreiten. Somit ist das der einfachste Weg, die Wut in den Griff zu bekommen.

Glaub ich dir eh. Ich habe mir nur nicht die Zeit genommen.

Schade. Es wäre gut, das im Trockentraining zu üben, damit du die Übung dann parat hast, wenn du sie brauchst. Also probiere doch eine der nächsten beiden Übungen gleich einmal aus, da ist das Atmen mit Visualisierung gekoppelt.

Nackte TATSACHE

Alarmlicht im Gehirn

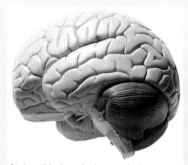

Die Amygdalae liegen beidseitig an der Basis des Gehirns und grenzen jeweils direkt an den Hippocampus.

Ein klitzekleiner Kern an der Basis unseres Gehirns ist für die Alarmreaktion zuständig, wir bezeichnen ihn als Mandelkern oder Amygdala. In einer Gefahrensituation löst der Mandelkern mit einem Signal an den Hypothalamus im Zwischenhirn eine Kaskade an Reaktionen aus. Das Signal setzt sich zur Hirnanhangsdrüse fort, die ihrerseits die Nebenniere zur Hormonproduktion anregt, und so entfaltet die Hypothalamus-Hypophysen-Achse als Stressachse ihre Funktion. Der Sympathikus ist aktiviert und die klassische Kampf-oder-Flucht-Reaktion in Gang gesetzt: Unser Herz schlägt schneller, die Atmung wird flacher, der Blutdruck steigt und Zucker wird bereitgestellt, unsere Muskeln spannen sich an, unsere Pupillen weiten sich und wir beginnen zu schwitzen.

Die Dosis macht das Gift

Diese Reaktion ist dazu da, uns für die Bewältigung des Problems zu wappnen. In der Gefahren- >>>

situation mobilisiert unser Körper alle Ressourcen: Wir sind aktiviert, aufmerksam, energiegeladen und bereit, zu handeln. Wenn es nun trotz dieser Mobilisierung nicht gelingt, das Problem zu lösen und so den Stressor zu entfernen, dann wird die Amygdala weiterhin aktiviert, das Alarmlicht leuchtet und leuchtet. Und so wird auch der Hypothalamus weiterhin informiert und die Stressachse bleibt aktiv. Das Dauerleuchten des Alarmlichts führt zu einer massiven und lang anhaltenden Ausschüttung der Stresshormone Adrenalin und Noradrenalin. Aber auch Cortisol, welches das Immunsystem unterdrückt, ist nun im Übermaß vorhanden. (Mehr zum Thema Stress und Gesundheit erfahren Sie in der „Nackten Tatsache: Warum werden wir im Urlaub krank?", S. 96.)

Die Stressreaktion ist evolutionär betrachtet auf physische Gefahren ausgelegt, nicht auf die heutzutage dominierenden psychischen Belastungen (siehe auch „Nackte Tatsache: Haben Sie Lust auf einen Bungee-Jump", S. 26). Früher mussten die Menschen dem Säbelzahntiger entkommen, oder sie überlebten nicht. Heute bleibt der Säbelzahntiger in Form des Chefs, des Arbeitskollegen oder des Aktenberges präsent. Kurzfristiger Stress schadet uns nicht. Unser Körper kann sich in den anschließenden Ruhephasen ausreichend erholen. Bleiben diese Ruhephasen aus und dauert Stress länger an, machen sich körperliche Folgen der Dauerstressbelastung bemerkbar: Magen-Darm-Geschwüre und Verdauungsprobleme, Diabetes, Bluthochdruck und Herz-Kreislauf-Erkrankungen, Muskelverspannungen und Schmerzen, Zyklusstörungen und Impotenz, Schlafstörungen, Konzentrationsschwächen und Vergesslichkeit … lang anhaltender Stress ist eine Belastung für den gesamten Körper!

Schlagwörter: Amygdala, Cortisol, Psychoneuroimmunologie, Stress, Sympathikus

Nackte TATSACHE ▲ ▲ ▲

Der Wutmeter

Zu dieser Übung gibt es eine akustische Anleitung in unserer App.

Stellen Sie sich nun ein Wutmeter vor; das ist ein Gerät, das ähnlich aussieht wie ein Thermometer, das allerdings nicht die Temperatur misst, sondern die Ausprägung Ihrer Wut. Das Maximum beim Wutmeter beträgt 180. (Daher kommt der Spruch: „Ich war auf 180." ☺) Wenn Sie also nun in einer Situation beispielsweise auf 150 sind, so können Sie sich vorstellen, dass Sie sich mit jedem Atemzug einen Skalenwert herunteratmen. Von 150 auf 149, auf 148 … Mit ein bisschen Übung – manche können das auch gleich – können Sie die Schritte auch vergrößern, und Sie atmen sich von 150 auf 130, auf 110, auf 90, auf 70 und schon sind Sie auf einem erträglichen Level.

|||||||||||||||||||||||||||||||||||||||||||||||||||||||||||||||||||||||||||||||||||||||||||||||||||||||||||||||||||

Navigieren im Stimmungsraum

Sie sind ja mittlerweile mit dem Modell des Stimmungsraumes gut vertraut und können Ihre emotionale Verfassung darin verändern. Sie befinden sich also aktuell im Bereich der Wut. Schätzen Sie nun Ihre aktuelle Position im Stimmungsraum ein, und dann können Sie wie mit einem Cursor am Bildschirm navigieren und sich langsam bewegen: Wichtig ist, dass Sie eine diagonale Bewegung anvisieren, also Richtung Neutralpunkt, oder Sie wagen sich in kleinen Schritten sogar darüber hinaus in die Muße.

|||||||||||||||||||||||||||||||||||||||||||||||||||||||||||||||||||||||||||||||||||||||||||||||||||||||||||||||||||

Ob Wutmeter oder Navigieren im Stimmungsraum – probieren Sie einfach aus, welches der beiden Bilder Ihnen sympathischer erscheint, was für Sie besser funktioniert.

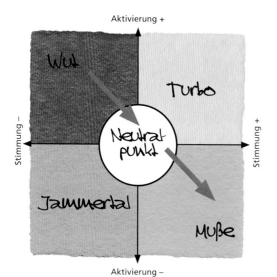

Sie sind Navigator in Ihrem Stimmungsraum. Der Weg aus der Wut führt über den Neutralpunkt in die Muße.

Geballte Faust?

Nicht nur die Atmung verändert sich, wenn Sie wütend sind, es tut sich sehr viel in Ihrem Körper: Die Mimik verändert sich, die Lippen werden dünner, die Zornesfalte gräbt sich tiefer ein, die Augenschlitze werden schmäler – das ist übrigens in allen Kulturen gleich. Was hingegen eher kultur- und geschlechtsabhängig ist, ist die Intensivierung der Gestik und Gebärden. Die Körperspannung ist erhöht, vielleicht ballen sich sogar die Fäuste. Auch an der Stimme ist die Wut wahrnehmbar, sie wird lauter und oft gepresster.

Wenn es Ihnen gelingt, in die Körperwahrnehmung zu gehen und die Veränderungen zu erkennen, so nutzen Sie eine hilfreiche Distanzierungstechnik: Sie sind auf der Metaebene gelandet und reagieren nicht mehr unreflektiert und automatisch. Außerdem haben Sie dabei auch gleich die Möglichkeit, punktuell gegenzusteuern. Die Faust wieder zu öffnen, eine bewusst neutrale Stimmlage zu wählen, den Blick zu öffnen ...

Mensch, ärgere dich nicht!

Behavioristische Strategien

Warum bin ich eigentlich so gereizt? Es soll durchaus vorkommen, dass so mancher dazu neigt, seinen Hunger zu „übersehen" (eigentlich zu „überspüren"), gerade im Turbo-Modus passiert das auch häufig (siehe S. 58). Das Umfeld merkt es jedoch sehr wohl, und zwar daran, dass bei der betreffenden Person nach und nach der Stresspegel steigt und die Aggressionsschwelle sinkt.

Mit dem verkehrten Bein aus dem Bett gestiegen?

Wer nächtelang zu wenig schläft, ist leichter reizbar und schlecht gelaunt. Das empfinden wir nicht nur subjektiv so. Auch Studien zeigen, dass lang anhaltender Schlafentzug unser emotionales Gleichgewicht stört (Dinges et al. 1997).

Unser präfrontaler Cortex ermöglicht es uns, impulsive Handlungen und übereilte emotionale Reaktionen zu unterdrücken (siehe „Nackte Tatsache: Der präfrontale Cortex bewahrt uns vor Wutausbrüchen", S. 105). Sind wir übermüdet, sind vor allem höhere kognitive Funktionen beeinträchtigt, so auch der präfrontale Cortex, und wir reagieren unter Umständen gereizter als angebracht (Yoo et al. 2007; Kamphuis et al. 2012).

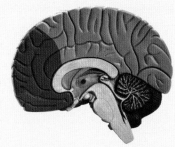

Der präfrontale Cortex ist der vorderste Teil des Frontallappens.

Nackte TATSACHE ▲▲▲

Heiße Schlacht am kalten Buffet?

Wenn der Mitarbeiter das Mittagessen auslässt, leidet dann am Nachmittag das ganze Team unter seiner schlechten Laune? Gut möglich, denn es gibt tatsächlich einen Zusammenhang zwischen Unterzuckerung und erhöhter Reizbarkeit. Dieses Phänomen wird als reaktive Hypoglykämie bezeichnet – was so viel heißt wie zurückwirkende Unterzuckerung (Council et al. 1994).

Ein übermäßiger Abfall des Blutzuckerspiegels ist häufig die Folge eines Zuckerschocks: Große Mengen an Zucker lassen unseren Blutzuckerspiegel rasant ansteigen. Unser Körper schüttet Insulin aus und baut den Zucker so schnell wie möglich ab – unter Umständen fällt dadurch der Zuckerspiegel letztlich tiefer ab, als er vor dem Verzehr der Süßspeise oder des zuckerhaltigen Getränks war. Je stärker diese Blutzuckerschwankungen ausfallen, desto impulsiver und explosiver ist unser Verhalten. Manche Menschen sind anscheinend besonders anfällig für diese extremen Blutzuckerschwankungen, was aggressives Verhalten begünstigt. Ein derartiger Zusammenhang wurde beispielsweise bei Gewaltverbrechern nachgewiesen (Virkkunen 1986). Eine ausgeglichene Ernährung bringt nicht nur unseren Blutzuckerspiegel, sondern auch unsere Stimmung ins Gleichgewicht.

Schlagwörter: Aggression, Ernährung, Hypoglykämie, präfrontaler Cortex, Schlaf

 Erinnern Sie sich an Ihren letzten Wutausbruch: Wie war Ihr körperliches Befinden in dieser Situation? Hatten Sie schon vorab Stress? Vielleicht waren Sie hungrig? Waren Sie unausgeschlafen oder übernächtigt? Haben Sie schon lange keine Pause gemacht? Waren Sie müde und hungrig? Grantig!

Selbst wenn Sie gut ausgeschlafen und satt sind, so können es auch die Außenbedingungen sein, die manchmal subtil und fast unmerklich Ihr Wohlbefinden beeinträchtigen und somit einen Beitrag zu einem erhöhten Aggressionspotenzial leisten. Kennen Sie das? Nebenher läuft Musik, die vielleicht zu Beginn recht angenehm und entspannend oder aktivierend ist, jedoch im Laufe der Zeit zusehends nervt, allerdings ganz unmerklich! Erst wenn man das Radio wieder abdreht, spürt man die Erleichterung. Und kann den Frieden wieder genießen. So können unterschiedlichste Bedingungen im Außen oder Innen die Reizschwelle drastisch verschieben: Sauerstoffmangel, Bewegungsmangel, Stoffwechselträgheit, Schmerz, Lärm, Hitze, Gerüche … auch ein Mangel an Körperkontakt, Nähe, körperlicher Befriedigung und Zugehörigkeit kann gereizt machen.

Nackte TATSACHE

Ist Wut männlich?

3D-Rendering der Molekülstruktur von Testosteron, dem männlichen Geschlechtshormon.

Testosteron spielt anscheinend bereits in der embryonalen Entwicklung eine Rolle. Werden beispielsweise weibliche Rhesusaffen noch im Mutterleib mit einem erhöhten Testosteronspiegel konfrontiert, zeigen sie später ein aggressiveres und wilderes Spielverhalten (Council et al. 1994). Doch die Suche nach einem simplen Zusammenhang zwischen „männlichen Geschlechtshormonen" und „typisch männlichem Verhalten" ist zu stark vereinfacht, und die Annahme, Wut wäre eine männliche Eigenschaft, ist ein Vorurteil. Es gibt keinen simplen Zusammenhang zwischen Hormonen und Aggressionen oder Gewalt, betont der Psychologe und Neurowissenschaftler Klaus Miczek (Council et al. 1994). Aggression wird nicht durch einen chemischen Stoff ein- oder ausgeschaltet. „Hormone verursachen keine Gewalt", betont auch der Endokrinologe Paul Fredric Brain (Council et al. 1994).

In Tierexperimenten wurde der direkte Effekt von Testosteron auf das Verhalten untersucht und mit einer aggressiven Antwort auf provozierende Reize in Verbindung gebracht. Bei einfacheren Lebewesen wie Fischen, Reptilien und Nagern zeigte sich dabei ein stärkerer Einfluss der Hormone als bei Hunden, Affen oder Menschen (Council et al. 1994). Je höher entwickelt ein Lebewesen ist, desto stärker ist der Einfluss höherer kognitiver Areale (vgl. präfrontaler Cortex). Nachdem wir Menschen über den Entwicklungsstand eines Fisches, Reptils oder Nagetiers hinausgewachsen sind, lässt sich aggressives Verhalten nicht durch den Hormonspiegel allein erklären.

Schlagwörter: Aggression, Testosteron

Vielleicht gelingt es Ihnen ja, solche Faktoren zu identifizieren und hier anzusetzen, um Ihre erhöhte Wutbereitschaft schon an diesen Wurzeln anzupacken. Entlarven Sie solche potenziellen Wutauslöser in Ihrem Leben. Manchmal ist es ganz einfach, den subtilen Stressor zu eliminieren.

Was versetzt Sie in Rage?

Betrachten Sie einmal potenzielle Auslöser der Wut: Wut entsteht dann,

- ▶ wenn Sie daran gehindert werden, Ihr Ziel zu erreichen,
- ▶ wenn Ihnen Unrecht widerfährt,
- ▶ wenn Ihre Werte verletzt werden,
- ▶ wenn Sie provoziert werden, frustriert, überfordert und gestresst sind oder
- ▶ wenn Sie mit unangenehmen Wahrheiten konfrontiert werden.

Wutauslöser

Erinnern Sie sich bitte an Ihren letzten Wutausbruch. Sie können Ihre Erfahrung nutzen, um es in Zukunft anders zu machen. Daher ist es sinnvoll, die Situation rückblickend zu analysieren.

- ▶ Wie kam es dazu?
- ▶ Was hat meine Reizschwelle gesenkt?
- ▶ Was war der Auslöser?
- ▶ War der Auslöser auch tatsächlich die Ursache?

Es kommt des Öfteren vor, dass Ursache und Auslöser nicht ident sind. Wenn sich beispielsweise die Ehefrau über ihren Mann ärgert, ihren Ärger aber runterschluckt, so kann es passieren, dass dann der Sohn, der ein Glas Milch umschüttet, die volle Aggression abbekommt, die eigentlich dem Ehemann „gehört".

Es kann auch Situationen geben, die per se die Wutbereitschaft erhöhen.

Ein Klassiker dafür ist das Autofahren: Bei manchen Menschen ist in dem Augenblick, da sie sich hinters Steuer setzen, der Aggressionslevel erhöht – mitunter massiv erhöht. Da braucht gar nicht allzu viel passieren, und die Wut hat ihren Auftritt. Lösung: Dann lassen Sie doch ganz einfach Ihre Ehefrau ans Steuer! (Scherz! Wenn Ihre Partnerin am Steuer sitzt, wird die Situation vielleicht noch schlimmer. Soll vorkommen. ☺)

Kleine Ärgernisse – zahlt sich der Ärger überhaupt aus?

Daily hassles – kleine Ärgernisse, das sind Mikrostressoren des Alltags: Der Bus fährt einem vor der Nase davon, der Papierstapel fällt runter, die Bohnen im Kaffeeautomaten sind aus, im Formular fehlt eine Unterschrift ... diese Kleinigkeiten nerven und machen mitunter in Summe recht viel aus. Aus der Stressforschung weiß man, dass diese kleinen Ärgernisse sehr belastend sind, sie füllen das Ärger-Fass in uns, und irgendwann geht das Fass dann über – oft bei irrelevanten Details.

Die Stressreaktion per se ist eine sehr sinnvolle, nur wenn sie zu häufig auftritt – was in unserem Alltag eben oft der Fall ist –, dann ist die Gesundheit gefährdet.

Nackte TATSACHE

Warum werden wir im Urlaub krank?

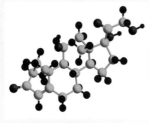

3D-Rendering der Molekülstruktur von Cortisol, einem Stresshormon, welches Ihr Immunsystem schwächt.

Gemeinsam mit Adrenalin und Noradrenalin zählt Cortisol zu den wichtigsten Hormonen der Stressreaktion. Vor allem in lang anhaltenden Stress-Situationen regt die Hirnanhangsdrüse die Nebenniere zur Produktion von Cortisol an.

Cortisol fördert die Bereitstellung von Nährstoffen im Blutkreislauf und unterstützt so die Kampf-oder-Flucht-Reaktion: Der Körper wird aktiviert und Energie zur Verfügung gestellt.

In hohen Dosen wirkt Cortisol allerdings immunsuppressiv, es bremst nicht nur Entzündungsvorgänge, sondern hemmt unser Immunsystem als Ganzes. Lang anhaltender Stress schwächt so unsere Immunabwehr und wir werden anfälliger für Erreger: Stress macht krank!

Krankenstand im Urlaub?

Ja, es stimmt, wir werden häufig im wohlverdienten Urlaub krank. Wissenschaftler haben sogar einen Namen für dieses Phänomen: *leisure sickness* oder Freizeitkrankheit. Während manche Wissenschaftler unsere Neigung, an Urlaubstagen krank zu werden, auf Schuldgefühle zurückführen (van Huijgevoort und Vingerhoets 2002), liefert die Medizinerin Esther Sternberg eine hormonelle Erklärung (Sternberg 2001). Während der akuten Stress-Situation sind neben Cortisol auch andere Stresshormone aktiv: Adrenalin und Noradrenalin aktivieren unseren Kreislauf und Endorphine unterdrücken Schmerzen und heben unsere Stimmung (siehe auch „Nackte Tatsache: Wenn Schmerzen euphorisch machen", S. 130).

Sobald der Stress abklingt, lässt die Wirkung von Adrenalin, Noradrenalin und der Endorphine sehr schnell nach. Unser Immunsystem erholt sich allerdings nicht so rasch von der Wirkung des Cortisols, und Viren und Bakterien haben ein leichtes Spiel. Möglicherweise stecken wir uns an unserem letzten Arbeitstag auf dem Heimweg durch den einen Hustenanfall des Fahrgasts neben uns an – vielleicht schlummert der grippale Infekt aber schon ein paar Tage in uns. Und erst wenn wir uns entspannt ins Sofa kuscheln, spüren wir auf einmal Gliederschmerzen und ein Pochen hinter den Schläfen.

Schlagwörter: Cortisol, Endorphine, Freizeitkrankheit, leisure sickness, Psychoneuroimmunologie, Stress, Sympathikus

Kleine Ärgernisse sind es nicht wert, echten Ärger oder Stress aufkommen zu lassen. Es zahlt sich ganz einfach nicht aus! Die Welt dreht sich weiter. Es ändert nichts an den Umständen, ob ich mich ärgere oder nicht. Es bringt mich der Lösung nicht näher. Im Stau stehend aggressiv zu werden macht mein Auto nicht schneller. Nur für meine Gesundheit macht es einen wesentlichen Unterschied. Deshalb brauchen wir eine Instant-Methode, diesen kleinen Ärgernissen die lange Nase zu zeigen.

Ihr Zauberwort: „Aha!"

Lassen Sie sich die Stimmung nicht vermiesen, sondern greifen Sie auf das hilfreiche Wörtchen „Aha!" zurück.

Stellen Sie sich vor, Ihnen fällt Ihre Tasse Morgenkaffee hinunter. Die Tasse liegt in Scherben auf dem Boden und natürlich hat Ihr Anzug Kaffeespritzer abbekommen.

Welches Wort schießt Ihnen durch den Kopf?

In den Seminaren ist diese Frage ein Fixpunkt. Und es ist immer dasselbe Wort, das herausgerufen wird – vielleicht haben Sie dieses Wort auch schon im Kopf? ☺

Wie wäre es mit einer Alternative?

Wir empfehlen Ihnen das zauberhafte „Aha!": Die Tasse fällt hinunter, und Sie denken sich: „Aha!"

Dieses Zauberwort bringt Sie sofort in die Neutralzone. Zumindest für einen Augenblick. Und genau dieser Augenblick kann Ihnen helfen, nicht automatisch in eine negative Stimmung zu kippen, sondern in die Reflexion zu kommen und die Situation zu relativieren: Die kaputte Tasse ist kein Weltuntergang.

Es ist müßig, sich darüber zu ärgern. In einer Stunde haben Sie das Ganze vergessen, also vergessen Sie es doch lieber gleich. Das „Aha!" wird Ihnen dabei helfen. Manchmal hat das „Aha!" auch einen humoristischen Aspekt, weil es eine Situation ad absurdum führen kann – darüber zu lachen ist bei *daily hassles* manchmal die beste Strategie, zu relativeren und Ärgernisse ganz einfach nicht so wichtig zu nehmen. Zugegeben, es gibt sicherlich Umstände, da ist das „Aha!" unpassend, aber umso wirksamer ist es oft in anderen Situationen. Probieren Sie es doch ganz einfach aus. ☺ (Es kann auch im Team für entspanntes Lachen sorgen.)

Schlagzeile: Vater vergiftet seine Kinder mit Käsetoast

Eine weitere humorvolle Methode, mit *daily hassles* besser umzugehen, ist, sie ad absurdum zu führen, indem das Thema maßlos übertrieben wird, ja sogar eine Schlagzeile daraus gemacht wird. Beispiel: Die junge Mutter ärgert sich, dass ihr Mann den Kindern immer wieder ungesundes Essen vorsetzt, wo ihr doch gesunde Ernährung so sehr am Herzen liegt. Als sie eines Abends nach Hause kommt, an dem ihr Mann Kinderdienst hat, und sieht, dass die Kleinen bei Käsetoast mit Ketchup sitzen, könnte ihr der Kragen platzen. Oder sie führt das Thema ad absurdum, indem sie in die Übertreibung geht und sich eine Schlagzeile vorstellt: Vater vergiftet Kinder mit Käsetoast!

Große Ärgernisse – wie vermeide ich die Eskalation?

Bei kleinen Missgeschicken oder Unannehmlichkeiten funktioniert das ganz gut. Aber bei großen Themen brauchen wir schon andere Kaliber. Widmen wir uns also einmal dem großen Ärger, der Wut. Warum macht sie blind?

Die Wut ist blind

Wenn Sie dazu tendieren, leicht in Wut zu geraten, dann kennen Sie das sicherlich, dass die Reaktion blitzschnell kommt, dass da (leider) gar nicht viel gedacht wird.

Bei manchen Menschen hat man wahrlich das Gefühl, die sind nicht mehr sie selbst, wenn sie in Wut geraten.
Ja, da setzt gewissermaßen das Denken kurz aus.
Was passiert denn da im Gehirn?

Wenn uns die Amygdala entführt

In Ihrem Gehirn gibt es ein Sekretariat. – Nein, ehrlich. Und unterschätzen Sie nie den Einfluss eines Sekretariats! Dieses bestimmt, wer wann welche Informationen erhält.

Unser neuronales Sekretariat ist der Thalamus in unserem Zwischenhirn. Alle unsere Wahrnehmungen werden im Thalamus gefiltert, sortiert und weitergeleitet.

Jetzt gerade werfen Sie zum Beispiel einen Blick auf diese Buchseite. Der Thalamus leitet die visuelle Information an Ihr Sehzentrum im Hinterhauptlappen weiter. Sie lesen und können über das Gelesene nachdenken. Reize werden aber nicht nur an höhere kognitive Bereiche weitergeleitet, sondern auch an Regionen, die für emotionale Reaktionen zuständig sind. So informiert der Thalamus auch Ihre Amygdala.

Und die Amygdala löst bei bedrohlichen Reizen eine Kampf-oder-Flucht-Reaktion aus.

Amygdala-Entführung: Ein Reiz löst in der Amygdala eine emotionale Reaktion aus, noch bevor die bewusste Wahrnehmung im visuellen Cortex stattfindet.

Thalamus: Zwischenhirn

Amygdala: emotionale Reaktion

Visueller Cortex: bewusste Wahrnehmung

Das Problem ist nun, dass der Reiz den Signalweg zur Amygdala sehr schnell zurücklegt (der Hase), der Weg zum visuellen Cortex jedoch dauert (die Schildkröte). Noch bevor Sie eine Wahrnehmung kognitiv verarbeiten, noch bevor Sie darüber nachdenken können, was Sie eigentlich bedroht und ob es überhaupt Grund zur Aufregung gibt, ist Ihr Sympathikus bereits aktiviert. Diese Reaktion verläuft schnell und ganz automatisch.

Wer rot sieht, handelt schneller, als er denkt

Emotionen ermöglichen uns, schnell und direkt auf Reize zu reagieren. Wenn ein wildes Tier auf uns zukommt, ist nun einmal keine Zeit für philosophische Gedanken oder lange Überlegungen. Die Amygdala macht uns darum blitzschnell bereit, zu handeln. Der Psychologe und Wissenschaftsjournalist Daniel Goleman bezeichnet diese schnelle und überwältigende emotionale Antwort als *Amygdala hijack*, als Entführung durch die Amygdala (Goleman 1996).

In vielen heutigen Gefahrensituationen wäre es durchaus empfehlenswert, zuerst zu denken, bevor wir handeln. Dazu müssen wir dem Großhirn die Chance geben, die eingehenden Reize zu verarbeiten. Finden Sie heraus, wie Sie kurz innehalten können, bevor Sie etwas sagen oder tun, was Sie später bereuen.

Schlagwörter: Amygdala, Amygdala hijack, Impulsivität, Stress, Sympathikus, Thalamus

Nackte TATSACHE

Was Sie brauchen, um der Amygdala-Entführung zu entgehen, ist ein kurzer Zeitgewinn. Wenn es Ihnen gelingt, einen Augenblick innezuhalten, dann hat die Schildkröte die Chance, aufzuholen – und Ihr Verstand kann mitspielen.

Stopping

Rasten Sie nicht aus, machen Sie etwas ganz anderes! Verlassen Sie den Raum, machen Sie das Fenster auf und atmen Sie tief durch, Sie können auch im Stiegenhaus drei (oder acht) Stockwerke hochlaufen und wieder runter, drehen Sie eine Runde um den Häuserblock oder machen Sie fünf Strecksprünge. Gut, wenn Ihr Körper dabei auch gefordert ist, dann wird die Energie gleich abgebaut, die die Sympathikus-Aktivierung bereitgestellt hat (für Kampf oder Flucht oder hier eben Strecksprünge). Wenn Sie dabei auch noch den Raum verlassen, so haben Sie gleichzeitig einen räumlichen Perspektivenwechsel, der Ihnen helfen wird, den Tunnelblick loszuwerden. *Stopping* heißt, Sie stoppen das, was Sie gerade machen, und machen etwas ganz anderes. Es kann auch Shopping sein ... Hauptsache, es lenkt Sie vom Wutthema ab.

Kombinieren Sie nach Belieben

Beim *Stopping* können Sie auch die Affordanz nutzen und Umgebungen aufsuchen, die Ihre Wut mildern. (Mehr zum Thema Affordanz erfahren Sie in „Nackte Tatsache: Wo ist Ihr Jungbrunnen?", S. 32, sowie in der Übung „Hängematte am Strand oder Waldweg", S. 74). Eine Runde im Park kann hier Wunder wirken, vor allem wenn es Ihnen gelingt, wirklich die Umgebung wahrzunehmen und möglichst auch zu genießen. Sie merken, Sie sind schon Profi im Steuern Ihrer Emotionen und kennen schon zahlreiche Strategien. Diese zu kombinieren ist natürlich doppelt erfolgversprechend.

Das *Stopping* ist dazu da, einfach einmal Abstand zu gewinnen, sich in der Akutsituation wieder zu beruhigen, um sich anschließend dem Thema wieder sachlicher widmen zu können und in einer ruhigeren Verfassung nach Lösungen zu suchen.

Wenn-dann-Automatismen

In unserem Alltag haben sich so manche automatische Verknüpfungen gebildet – gute wie schlechte.
Eine gute Verknüpfung: Wenn ich den Schritt ins Thermenhotel mache, bin ich in der gleichen Sekunde schon ein Stück weit entspannt.
Eine schlechte Verknüpfung: Wenn ich ins Auto einsteige, schnellt mein Stresspegel im selben Augenblick hoch.

Solche wenig hilfreiche, unbewusste Verknüpfungen ausfindig zu machen ist gar nicht so leicht, aber höchst hilfreich.

||||||||||||||||||||||||||||||||||||||||||||||||||||||||||||||||||||||||||||||||||||||||||||||||||||||

Neues Wenn – dann

Halten Sie Ausschau nach Situationen, die in Ihnen automatisch ein unangenehmes Gefühl auslösen, und suchen Sie nach Alternativverknüpfungen. Hier ein paar Beispiele:

▶ **Beim Biomarkt**
Alte Verknüpfung: Wenn ich zum Biosupermarkt gehe, bin ich total entnervt, weil die Verkäuferin nicht nur langsam, sondern auch noch extrem umständlich ist.
Das könnte nun ersetzt werden durch eine **neue Verknüpfung:** Wenn ich zum Biomarkt gehe, dann mache ich ein Gelassenheitstraining und übe, von meinem hohen Tempo herunterzukommen.

▶ **Im Auto**
Alte Verknüpfung: Wenn ich mit dem Auto unterwegs bin, bin ich automatisch gereizt.
Die anderen Autofahrer sind einfach komplett unfähig und bringen mich instant auf die Palme.
Neue Verknüpfung: Wenn ich ins Auto einsteige, bin ich ganz in meinem Reich und lasse mich durch nichts aus der Ruhe bringen. Das lasse ich nicht zu.
So können Sie sich nun bei Ihren persönlichen Wenn-dann-Verknüpfungen auch etwas Neues einfallen lassen.

||||||||||||||||||||||||||||||||||||||||||||||||||||||||||||||||||||||||||||||||||||||||||||||||||||||

Die Eskalation vermeiden

Kognitive Strategien

Sie wissen schon, sehr oft kommt es einfach auf die Bewertung an. Kleine Auffrischung gefällig? Begeben wir uns noch einmal in einen satten Stau? Es droht eine halbe Stunde Zeitverlust, und jetzt haben Sie die Wahl!

1. Sie können komplett entnervt sein, nervös mit den Fingern am Lenkrad trommeln und vor sich hin schimpfen, an den Nägeln kauen, oder
2. Sie nehmen die Situation als unveränderlich an und bleiben gelassen, konzentrieren sich auf ihren Atem, oder

3. Sie denken nicht mehr an den Stau, an das verpasste Meeting, sondern vergegenwärtigen sich etwas Angenehmes – oder schalten beispielsweise Musik ein.

Oder erinnern Sie sich an den gestohlenen Parkplatz? Manchmal gelingt es nicht, sich einfach nur vorzunehmen, nicht mehr an ein bestimmtes Ärgernis zu denken. Denk nicht dran! Wie soll das gehen?

Dazu eine kleine Übung:

||||||||||||||||||||||||||||||||||||||||||||||||||||||||||||||||||||||||||||||||||||||||||||||||||||||||||||||

Der rosarote Bär

Für diese Übung brauchen Sie etwas zum Schreiben und eine Stoppuhr. Nach dem Lesen dieser Anleitung stellen Sie die Stoppuhr auf eine Minute ein. Und hier nun die Anleitung, was Sie in dieser Minute machen sollen: Bitte denken Sie eine Minute lang nicht an einen rosaroten Bären und dieser Bär hat auch keine weißen Tupfen! Sie denken also nun bitte eine Minute lang nicht an den rosaroten Tupfenbären! Und machen Sie jedes Mal, wenn sich der rosarote Bär doch in Ihre Gedankenwelt drängelt, einen Strich.

Es kann schon losgehen!
Die Stoppuhr läuft.

||||||||||||||||||||||||||||||||||||||||||||||||||||||||||||||||||||||||||||||||||||||||||||||||||||||||||||||

Der Bär war aber eigentlich nicht rosa und auch nicht getupft.
Welcher Bär?
Der in der tatsächlichen Studie.

Warum Sie gerade an einen getupften rosa Bären gedacht haben

In der ursprünglichen Studie zur Gedankenkontrolle war der Bär weiß (Wegner et al. 1987). Der Psychologe Daniel Wegner forderte seine Versuchspersonen auf, fünf Minuten lang nicht an einen weißen Bären zu denken, und wenn das nicht gelingt, eine Glocke zu läuten – was häufig passierte. Der Folgeauftrag lautete, fünf Minuten lang just an den weißen Bären zu denken. Die Studie zeigte: Wer zuvor den Gedanken an den weißen Bären unterdrücken sollte, dachte nun häufiger und intensiver an dieses Tier als Kontrollpersonen, denen die Gedankenkontrollaufgabe erspart geblieben war. Daniel Wegner konkludierte, dass wir störende Gedanken eher verstärken als reduzieren, wenn wir versuchen, sie zu unterdrücken. Das krampfhafte Verdrängen und Unterdrücken von Gedanken ist also kontraproduktiv. Wie gehen wir also mit störenden Gedanken um?

Auch da finden sich Antworten in dem Bärenexperiment. Denn es hat sich gezeigt, welche Strategie am erfolgreichsten ist, um störende Gedanken auszublenden: die Beschäftigung mit Alternativgedanken. Statt einen störenden Impuls unterdrücken zu wollen, sollten wir besser eine Ablenkung finden.

Schlagwörter: kognitive Strategien, präfrontaler Cortex

Nackte TATSACHE

▲
▲
▲

Wie können Sie Ihre Gedanken kontrollieren?

Wir haben diese Übung schon sehr oft in Seminaren durchgeführt, und die Ergebnisse fallen höchst unterschiedlich aus. Bei manchen tauchen ganze Bärenherden auf, anderen gelingt es ganz gut, die Bären aus der Gedankenwelt fernzuhalten.
Wenn es also kontraproduktiv ist, Gedanken zu unterdrücken, wie gelingt es?

Durch Ablenkung: das gedankliche Summen eines Liedes, das Denken an den nächsten Urlaub, das Erinnern an ein schönes Fest. Nur durch ein Umleitungsschild in Ihrem Kopf gelingt es, den Weg zum rosaroten Bären zu vermeiden. Und dieser Strategie können Sie sich auch bei der Wut bedienen.

Alternativgedanken

Das Thema, das Sie in Wut versetzt, hat den gleichen Effekt wie der rosarote Bär. Ich kann mir nicht einfach so vornehmen: „Denk nicht mehr dran." Das Wutthema will die volle Aufmerksamkeit. Viel, viel mehr Aufmerksamkeit als der Bär, weil eine massive Emotion dahintersteckt! Und es gilt nun, den Fokus aktiv umzulenken, ein Umleitungsschild aufzustellen: Überraschen Sie Ihre Neuronen mit einer anderen Aufgabe.

II

Zurückzählen

In dem Moment, da Sie die Wut aufkeimen spüren, gilt es, eine Instant-Methode parat zu haben, die sofort, schnell und unmittelbar wirkt. Altbewährt: Richten Sie Ihre Aufmerksamkeit auf Ihre Atmung. Beobachten Sie Ihr Ein- und Ausatmen. Ihr Ein- und Ihr Ausatmen. Und: Rechnen Sie dabei! Das ist die Ablenkung.

Damit das auch wirklich funktioniert, sollten Sie es sich nicht zu einfach machen! Ihr Gehirn ist nicht ausreichend gefordert, wenn Sie einfach nur zählen 1, 2, 3, 4, 5 …

Ihr Gehirn sollte sich schon plagen: Sie können beispielsweise bei 354 beginnen und Schritt für Schritt 7 abziehen. 354, 347, 340, 333 … Im Falle, dass Sie Rechenkönigin oder -könig sind, können Sie es sich auch schwerer machen und immer eine Dezimalzahl wie 7,3 abziehen oder auch die Wurzel ziehen … Einzig wichtig ist, dass Ihr Gehirn tatsächlich gefordert ist und an nichts anderes mehr denken kann. Somit hat das Rumpelstilzchen keine Chance für seinen Auftritt.

IIIIIIIIIIIIIIIIIIIIIIIIIIIIIIIIIIIIIIIIIIIIIIIIIIIIIIIIIIIIIIIIIIIIIIIIIIIIIIIIIIIIIIIIIIIIIIIIIIIIIIIIIIIIIIIIIIIIIIIIIIII

Wir sind keine Affen!

Obwohl wir jetzt mehrmals gehört haben, dass Wut unreflektierte Reaktionen verursachen kann, sind wir Menschen glücklicherweise sehr wohl in der Lage, Impulse zu unterdrücken. Wie das gelingt?

Der präfrontale Cortex bewahrt uns vor Wutausbrüchen

Wenn Sie – obwohl Ihnen gerade danach ist – Ihren Drucker nicht aus dem Fenster werfen, in der Früh aufstehen, obwohl der Wecker viel zu zeitig läutet, unangebrachte Schimpfwörter für sich behalten, sich vor der reich gefüllten Auslage des Konditors beherrschen oder vor Ihren Computer setzen, obwohl draußen schönes Wetter lockt, dann hilft Ihnen in all diesen Situationen Ihr präfrontaler Cortex, die Kontrolle zu behalten. Unser Stirnhirn ist unsere Kontrollinstanz und dazu in der Lage, Impulse zu unterdrücken, wenn sie langfristigen Zielen im Wege stehen.

Unser präfrontaler Cortex kann auch Wutausbrüche kontrollieren. Er schickt den dämpfenden Botenstoff GABA an die Amygdala und drosselt so die Aktivierung des Sympathikus und damit die Kampf- oder-Flucht-Reaktion. Statt vor Wut zu explodieren, können wir uns konzentriert dem Problem und seiner Beseitigung widmen.

Ist dieser Kontrollmechanismus des präfrontalen Cortex geschwächt, sind wir unserer Wut ausgeliefert (Davidson et al. 2000).

Das erklärt, warum wir gerade in stressigen Zeiten dazu neigen, in die Luft zu gehen. Der präfrontale Cortex ist auch Sitz unseres Arbeitsgedächtnisses und damit für zahlreiche kognitive Aufgaben von größter Bedeutung. Sie können davon ausgehen, dass Sie immer, wenn Sie geistig sehr angestrengt sind, gerade Ihren präfrontalen Cortex mitbeanspruchen. Ja, und dann hat der präfrontale Cortex eben weniger Ressourcen übrig, um unangebrachte Impulse zu kontrollieren. In besonders arbeitsintensiven Zeiten ist es darum umso wichtiger, aktiv gegenzusteuern und sich der Anti-Wut-Challenge zu stellen.

Workout für Ihren präfrontalen Cortex

Wie alle kognitiven Fähigkeiten sind auch Kontrollmechanismen trainierbar. Giovanni Frazzetto empfiehlt demnach auch, den präfrontalen Cortex zu trainieren, um Gefühle besser steuern zu können (Frazzetto 2014). Sein Kollege Richard Davidson schlägt als Beispiel vor, Kekse zu backen und darauf zu verzichten, ein Keks zu kosten, bevor am späten Nachmittag die Gäste kommen (Davidson und Begley 2016). Sie könnten auch die nächste Zigarette so lange wie möglich hinauszögern oder die Treppe statt den Aufzug nehmen ... Sie sehen, viele Übungen, die Ihren präfrontalen Cortex trainieren, tun auch der Gesundheit gut. Finden Sie Wege, wie Sie im Alltag Ihre Selbstbeherrschung trainieren können. Indem Sie Ihren präfrontalen Cortex stärken, werden Sie Herr oder Frau Ihrer Gefühlswelt.

Schlagwörter: Amygdala, Arbeitsgedächtnis, GABA, präfrontaler Cortex, Sympathikus

Nackte TATSACHE ▲ ▲ ▲ ▲

Das ist doch eine gute Nachricht: Auch Impulskontrolle ist trainierbar, nicht nur der Sixpack!

Perspektivenwechsel

Diese Methode hilft, den Tunnelblick, der generell bei Stress auftritt, wieder loszuwerden.

Evolutionstheoretisch betrachtet, ist das Phänomen des Tunnelblicks in Stress-Situationen leicht nachvollziehbar: Es war sinnvoll, dass der Urmensch seine ganze Aufmerksamkeit auf den Säbelzahntiger, der eben um die Ecke lugte, richtete. Für das Überleben ist es eine absolute Notwendigkeit, dass der Fokus allein auf die Gefahr gerichtet ist, dass hier nach einer Lösung gesucht wird: Wie kann ich dieses Tier besiegen – oder soll ich doch besser flüchten? In lebensbedrohlichen Situationen ist das ein höchst wirksamer Mechanismus, dem wir unser Überleben verdanken. Allerdings funktionieren wir bei Ärgernissen des Alltags immer noch wie im Säbelzahntigermodus – Sie erinnern sich an die Amygdala-Entführung? (Nachzulesen in der „Nackten Tatsache: Wenn uns die Amygdala entführt", S. 99)

In heutigen Wutsituationen geht es im Normalfall nicht ums Überleben! Wir müssen die Scheuklappen wieder loswerden. Dadurch wird der Verhaltensspielraum erweitert und es wird möglich, wieder auf eine sachliche Ebene zu kommen. Diese Umleitung im Gehirn kann mit Zählen funktionieren (siehe S. 104) oder auch mit einem Perspektivenwechsel, der hilft, die Scheuklappen (die uns der Säbelzahntiger beschert hat) loszuwerden. Sie verlieren Ihren Tunnelblick und sehen wieder den Verhaltensspielraum, der Ihnen davor verborgen blieb. Dazu gibt es verschiedene Varianten, die allesamt sehr hilfreich sind.

Neutraler Beobachter

Werden Sie zum Beobachter Ihrer selbst. Dabei richten Sie die Aufmerksamkeit nicht – wie es automatisch passiert – auf den Wutauslöser, also zum Beispiel den Parkplatzdieb, den abgestürzten Computer, den nervigen Mitarbeiter. Vielmehr schwenkt Ihr Aufmerksamkeitsfokus nach innen, in die Selbstbeobachtung. Was passiert da?

„Mit klarer Achtsamkeit siehst du sie (die Wut) kommen, dann lässt du sie passieren, ohne sie anzurühren, ohne sie zu blockieren oder zu verstärken, ohne weitere emotionale Wellen zu verursachen." (Singer and Ricard 2008).

Machen Sie sich einen Sport daraus! Mit ein wenig detektivischer Übung können Sie besser wahrnehmen, wie die Wut in Ihnen aufsteigt.

Das Fiese an der Amygdala-Entführung ist, dass dieser Mechanismus blitzschnell funktioniert, und es schon bei den ersten Anzeichen gilt aktiv zu werden. Da ist also wirklich Ihre Aufmerksamkeit gefordert: Sie beobachten, Sie nehmen war, Sie werten nicht, Sie atmen ruhig weiter und fachen das Feuer nicht an. Wenn Sie sich auf *Empfindungen* fokussieren statt auf Gedanken, so wird es in Ihrem Innen automatisch ruhiger.

Ihre Wut wird eine Figur
Bei der Wut als Figur handelt es sich um eine sehr hilfreiche Distanzierungstechnik.

Sie können dabei mit der Vorstellung arbeiten, dass die Wut als eine Figur auf Ihre innere Bühne stürmt. Es hilft, sich diese Figur ganz konkret vorzustellen, ihr sogar einen Namen zu geben. Ist es das Rumpelstilzchen? Cruela, Gonzo, Godzilla oder …?
Der Vorteil, sich diese Emotion als Figur vorzustellen, liegt darin, dass Sie automatisch in eine Beobachterrolle gleiten: Sie *sind* nicht mehr Wut, sondern die Wut ist ein Teil von Ihnen und Sie können sie beobachten – mit ein bisschen Übung auch von der inneren Bühne wegschicken. (Mehr zur Technik der inneren Bühne finden Sie im Buch „Vorhang auf fürs Glück" von Heide-Marie Smolka.)

Wenn Sie mit der Idee der inneren Figuren vertraut sind, können Sie auch eine für Ihre innere Gelassenheit kreieren: einen Buddha, ein Faultier oder Balu. Das erinnert vielleicht an das Kapitel „What would Buddha do?" (Lesen Sie nach auf Seit 45.)
Ist das für Sie kein passender Weg, das Rumpelstilzchen zu bändigen, haben Sie noch die Möglichkeit, eine Zeitreise zu unternehmen.

Zeitkatapult
Bei dieser Technik spielen Sie mit der Zeit. Sie versetzen sich in die Zukunft – je schwieriger die Situation ist, umso weiter in die Zukunft. Meist genügt jedoch eine Woche, manchmal sogar ein Tag. Bei Bedarf dürfen es gerne auch Monate oder Jahre sein. Sie begeben sich also gedanklich in die Zukunft, katapultieren sich in das nächste Jahr. Und von diesem Standpunkt aus blicken Sie zurück in die Gegenwart. *Durch diese zeitliche Distanzierung haben Sie sich automatisch auch emotional distanziert.* Weil in einem Jahr hat dieses Ereignis üblicherweise nicht mehr die Dramatik, die man ihm in der Gegenwart einräumt.
In krassen Fällen können Sie sogar aus der Perspektive des sehr, sehr hohen Alters zurückblicken. In dieser Rückschau verlieren die allermeisten Ärgernisse an Bedeutung und Schwere.

Kratzspuren

Die Wut im Team

Ein chinesisches Sprichwort bringt es sehr gut auf den Punkt:

„Wer wütend ist, verbrennt oft an einem Tag das Holz,
das er in vielen Jahren gesammelt hat."

Meist leidet auch die Umgebung des Wütenden, ein Wutausbruch ist Gift für Beziehungen. Und im echten Leben gibt es leider keine Zurücktaste, kein „Strg + Z". Auch wenn es dem Ausraster im Nachhinein sehr leidtut und er sich vornimmt, dass so etwas nicht mehr geschehen wird, gibt es Scherben und emotionale Verletzungen. Ein Rumpelstilzchen im Team, das kann eine große Herausforderung für alle Beteiligten sein!

Wenn Ihnen ein wütender Mensch begegnet, so erzeugt das in Ihnen eine automatische Alarmreaktion. Jetzt ist die große Frage: Wie sieht die Gegenreaktion aus? Wenn ein Rumpelstilzchen auf ein Rumpelstilzchen trifft, können Sie sich das schon ausmalen. Oder aber es gelingt Ihnen, diesen Automatismus zu durchbrechen, indem Sie Techniken anwenden, die Sie in diesem Kapitel kennengelernt haben.

Nackte TATSACHE

Angst macht Angst und Wut macht wütend

Emotionen sind höchst ansteckend, wie Sie bereits wissen (siehe auch Kapitel Emotionen sind höchst ansteckend – der Stimmungsraum im Team", S. 35). Dies trifft für negative Gefühle offenbar noch viel stärker zu als für positive. Versuchspersonen, denen Bilder von Schauspielern in unterschiedlichen Körperhaltungen vorgelegt wurden, zeigten bei Körperhaltungen, die mit positiven Emotionen assoziiert waren, primär eine Aktivierung des Sehzentrums.

Ängstliche Posen hingegen lösten im Gehirn der Versuchspersonen vielfältige Reaktionen aus: Sie aktivierten die Amygdala und auch motorische Areale (de Gelder et al. 2004). Sehen wir jemanden, der Angst hat, werden wir selbst nicht nur emotional in Alarmbereitschaft versetzt, sondern auch unser Körper wird auf Bewegung vorbereitet, was uns ermöglicht, auf die potenzielle Gefahr besonders schnell zu reagieren. Auch unser Körper signalisiert nun weiteren Personen, dass Gefahr droht. Über diesen Mechanismus kann sich eine starke Emotion innerhalb kürzester Zeit ausbreiten und ganze Personengruppen oder sogar Menschenmassen erfassen.

Schlagwörter: Amygdala, Körperhaltung, Team

Sie könnten sich in den Neutralpunkt begeben, den Raum verlassen, auf der körperlichen Ebene ansetzen, innerlich zurückzählen, um Zeit zu gewinnen, sodass Ihre „Schildkröte" nachkommt ...

Das Problem liegt oft darin, dass ein Wutausbruch im Gegenüber sehr Unterschiedliches anrichtet. Für den einen ist ein wutgefärbtes Gespräch das Normalste der Welt und er fühlt sich nachher gereinigt wie nach einem Gewitter, das alles ausgeräumt hat. Aber bei weniger wutresistenten Menschen kann das Gewitter etwas zerstören, so wie ein Blitz einen Brand auslösen kann. Deshalb ist es sehr wichtig, im Team einen angemessenen Umgang miteinander zu finden, der für alle praktikabel ist. Da braucht es oft viel Geduld und vor allem sehr viel Kommunikation, mitunter auch Mediation.

Meine Wut

Speziell in diesem Kapitel ist es wichtig, dass Sie Ihre favorisierte Strategie im Akutfall sofort parat haben. Deshalb macht es Sinn, dass Sie sich zunächst für eine der folgenden Methoden entscheiden.

Körperliche Strategien

- ☐ Wutmeter (S. 91)
- ☐ Navigieren im Stimmungsraum (S. 92)
- ☐ Geballte Faust (S. 92)

Behavioristische Strategien

- ☐ „Aha!" (S. 97)
- ☐ Schlagzeile (S. 98)
- ☐ Stopping (S. 100)
- ☐ Wenn – dann (S. 101)

Kognitive Strategien

- ☐ Zurückzählen (S. 104)
- ☐ Neutraler Beobachter (S. 106)
- ☐ Ihre Wut wird eine Figur (S. 107)
- ☐ Zeitkatapult (S. 107)

Wofür haben Sie sich entschieden?

Erinnern Sie sich an einen Vorfall, wo Sie diese Strategie gebraucht hätten. Stellen Sie sich möglichst konkret vor, wie Sie die Methode erfolgreich anwenden. Damit Sie Ihre Anti-Wut-Strategie in Zukunft auch wirklich parat haben, ist es wichtig, dass Sie sie automatisch und ohne lang nachzudenken abrufen können.

Bohart AC (1977) Role playing and interpersonal-conflict reduction. J Couns Psychol 24:15–24. doi: 10.1037/0022-0167.24.1.15

Bushman BJ, Baumeister RF, Stack AD (1999) Catharsis, aggression, and persuasive influence: Self-fulfilling or self-defeating prophecies? J Pers Soc Psychol 76:367–376. doi: 10.1037/0022-3514.76.3.367

Council NR, Scienc D of B and S, Scie C on B and S (1994) Understanding and Preventing Violence, Volume 2: Biobehavioral Influences, New. Understanding and Preventing V, Washington, D.C

Davidson R, Begley S (2016) Warum regst du dich so auf?: Wie die Gehirnstruktur unsere Emotionen bestimmt. Goldmann Verlag, München

de Gelder B, Snyder J, Greve D, et al (2004) Fear fosters flight: a mechanism for fear contagion when perceiving emotion expressed by a whole body. Proc Natl Acad Sci U S A 101:16701–16706. doi: 10.1073/pnas.0407042101

Dinges DF, Pack F, Williams K, et al (1997) Cumulative sleepiness, mood disturbance, and psychomotor vigilance performance decrements during a week of sleep restricted to 4–5 hours per night. Sleep 20:267–277.

Ebbesen EB, Duncan B, Konecni VJ (1975) Effects of content of verbal aggression on future verbal aggression: A field experiment. J Exp Soc Psychol 11:192–204. doi: 10.1016/S0022-1031(75)80021-7

Frazzetto G (2014) Der Gefühlscode: Die Entschlüsselung unserer Emotionen. Carl Hanser Verlag, München

Goleman D (1996) Emotional Intelligence: Why It Can Matter More Than IQ. Bantam, New York

Kamphuis J, Meerlo P, Koolhaas JM, Lancel M (2012) Poor sleep as a potential causal factor in aggression and violence. Sleep Med 13:327–334. doi: 10.1016/j.sleep.2011.12.006

Nolting H-P (2005) Lernfall Aggression 1: Wie sie entsteht – wie sie zu vermindern ist – Eine Einführung, 6th edn. Rowohlt Taschenbuch Verlag, Reinbek bei Hamburg

Singer W, Ricard M (2008) Hirnforschung und Meditation: ein Dialog, Suhrkamp, Frankfurt am Main

Smolka H-M (2013) Vorhang auf fürs Glück: Drehbuch für mehr Lebensfreude. Knaur HC, München

Sternberg E (2001) The Balance Within: The Science Connecting Health and Emotions, New edition. Henry Holt & Co, New York

van Huijgevoort, M., Vingerhoets, A.J.J.M. (2002) Leisure Sickness: A pilot study on its Prevalence, Phenomenology, and Background, Psychotherapy and Psychosomatics 71.6: 311-317

Virkkunen M (1986) Reactive hypoglycemic tendency among habitually violent offenders. Nutr Rev 44 Suppl:94–103.

Warren R, Kurlychek RT (1981) Treatment of maladaptive anger and aggression: Catharsis vs behavior therapy. Correct Soc Psychiatry J Behav Technol Methods Ther 27:135–139.

Wegner DM, Schneider DJ, Carter SR, White TL (1987) Paradoxical effects of thought suppression. J Pers Soc Psychol 53:5–13. doi: 10.1037/0022-3514.53.1.5

Yoo S-S, Gujar N, Hu P, et al (2007) The human emotional brain without sleep — a prefrontal amygdala disconnect. Curr Biol 17:R877–R878. doi: 10.1016/j.cub.2007.08.007

6. Das Jammertal

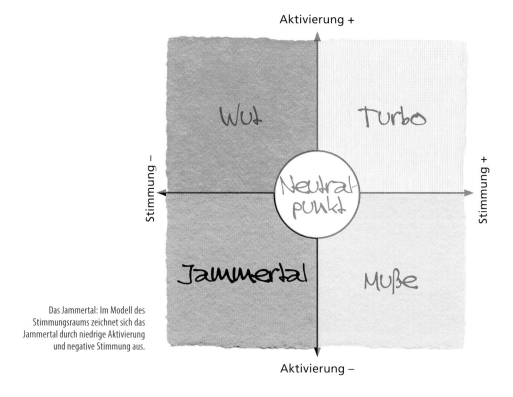

Das Jammertal: Im Modell des Stimmungsraums zeichnet sich das Jammertal durch niedrige Aktivierung und negative Stimmung aus.

Im Jammertal befinden Sie sich, wenn Sie in schlechter Stimmung sind und der Energielevel niedrig ist. Das kann ein grantiger Tag sein, eine melancholische Phase oder aber auch eine ausgewachsene Depression. Hier sind Sie, wenn Sie traurig sind, sich Sorgen machen oder einfach einmal schlecht drauf sind. Das Stimmungstief kann sich auch in Antriebslosigkeit und sorgenvollen Grübeleien äußern.

Manchmal ist der Sturz ins Jammertal auch als Notbremse des Turbo-Modus zu verstehen. Das passiert eben genau im Fall von Burnout: Wenn der Mensch dauerhaft zu sehr gefordert ist, aber die Überforderung selbst gar nicht wahrnehmen kann, so kippt irgendwann das System und der Turbo-Typ landet im Jammertal.

Man kann nicht immer glücklich sein

Unangenehme Emotionen sind etwas Normales! Jede Biografie birgt auch schwierige Phasen in sich, das Leben ist eine Berg-und-Tal-Fahrt. Sogar im Laufe eines Tages gibt es mal ein Besser und ein Schlechter. Das ist normal. In einem Trauerfall ist Traurigkeit eine angemessene Reaktion und sie braucht Zeit und Geduld. Schafft man es, diese Talfahrten ein Stück weit zu akzeptieren, ist schon ein wichtiger Schritt passiert. Hier gilt es, ein gutes Maß zu finden, das Tief anzunehmen, aber auch nach Strategien Ausschau zu halten, wie man leichter und auch schneller wieder aus dem Stimmungstief herausfindet und die Lebensfreude wieder ans Steuer lässt.

Diese Krisenzeiten sind oft sehr anstrengend und kräftezehrend – und steckt man mittendrin, sieht es manchmal so aus, als ob man da gar nicht mehr rauskäme. Es tut richtig weh.

Lässt sich denn dieser Schmerz von deiner Seite aus erklären?
Ja, es sind wirklich Schmerzen.

Herzschmerz tut weh!

Wer sich ausgeschlossen fühlt, gemobbt wird, einer Beziehung nachtrauert, einen lieben Menschen verloren hat, leidet. Psychisches Leid aktiviert in unserem Gehirn Regionen, die auch für das physische Schmerzempfinden zuständig sind. Egal ob Herzschmerz, gebrochenes Bein oder Wurzelbehandlung: Es tut weh! Das Phänomen der Überlappung zwischen körperlichem und psychischem Schmerzempfinden zeigte sich in einer Studie, in der eine Versuchsperson zu einem virtuellen Ballspiel mit zwei anderen Spielern eingeladen wurde. Schon nach kurzer Zeit spielten die beiden virtuellen Spielpartner der Versuchsperson den Ball nicht mehr zu. Dieser soziale Ausschluss aktivierte eine Region, die für körperliches Schmerzempfinden zuständig ist,

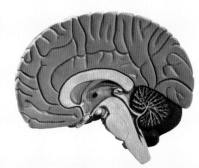

Der dorsoanteriore cinguläre Cortex ist Teil des Frontallappens und liegt beidseitig direkt über dem Balken, der Verbindung der beiden Gehirnhälften.

Nackte TATSACHE ▲▲▲

den sogenannten dorsoanterioren cingulären Cortex (Eisenberger und Lieberman 2005). Ähnlich ergeht es uns, wenn wir um Verstorbene trauern. Der Anblick von Fotos verstorbener Angehöriger löste bei trauernden Frauen im Gehirn eine Aktivierung in schmerzassoziierten Arealen aus (O'Connor et al. 2008). Eine emotionale Wunde schmerzt genauso wie ein gebrochenes Bein oder ein verbrannter Finger.

Schlagwörter: Schmerz, Trauer

Solche emotionalen Talfahrten bergen aber durchaus auch Vorteile in sich – zumindest langfristig betrachtet: Sie können tatsächlich die Voraussetzung für wichtige Entwicklungsschritte der Persönlichkeit sein. Sie kennen es vielleicht aus eigener Erfahrung oder Beobachtungen in Ihrem Umfeld: Krisen stellen eine Entwicklungschance dar. In diesen Phasen kann der Mensch reifen, er kann wachsen und seine Potenziale entwickeln. Auch wenn man sich das in der konkreten Situation mitunter nicht vorstellen kann – rückblickend ist es sehr oft so, dass man aus einer belastenden Lebensphase gestärkt herauskommt und daran gewachsen ist. Es gibt kein Tal ohne Berge. Es gibt Strategien, mit denen es gelingen kann, aus der Schlucht wieder ans Sonnenlicht zu gelangen.

Und eine weitere gute Nachricht kennen Sie schon:
Glücklich sein kann man lernen!
Verhalten und Einstellungen sind veränderbar.

Keine Angst! Es geht keineswegs darum, dass ab sofort alles einfach rosarot eingepinselt werden soll, sondern vielmehr darum, sich – vielleicht auch in kleinen Schritten – auf Entdeckungsreise zu begeben und zu schauen, wo denn überall das Glück lauert. Oder lauern könnte – mitunter zeigt es sich schüchtern.

Bitte helfen!

Es ist wichtig, hier klarzustellen, dass es bei resistenten Stimmungstiefs entscheidend und notwendig ist, professionelle Hilfe aufzusuchen. Leider ist es immer noch weit verbreitet, zu glauben, dass man ein seelisches Down selber und allein bewältigen muss. Allerdings: Wenn Sie Zahnschmerzen haben, scheuen Sie sich hoffentlich nicht, zum Zahnarzt zu gehen. Wenn Sie ein gebrochenes Bein haben, denken Sie sich auch nicht: „Das schaffe ich schon allein", sondern Sie lassen sich einen Gips verpassen. So sollte es auch in Bezug auf Ihre Seele sein: Wenn sie in Not geraten ist, wenn Sie eine Depression haben, so gibt es Hilfe durch Psychotherapie oder psychologische Beratung, manchmal auch durch Medikamente.

Das Gehirn im Jammertal

Wenn man versucht zu erforschen, wie ein Stimmungstief im Gehirn sichtbar wird, fällt vor allem auf, was fehlt: die Freude! Botenstoffe und Aktivierungsmuster, die mit positiver Stimmung assoziiert sind, sind reduziert.

Sie haben erfahren, dass sich positive Emotionen in Form höherer Aktivität im linken präfrontalen Cortex zeigen (siehe „Nackte Tatsache: Wo im Gehirn ist denn der Jammerlappen?", S. 10). Bei Depressionspatientinnen und -patienten findet sich genau da eine geringere Aktivität im Vergleich zu gesunden Probanden (Schaffer et al. 1983).

Die Monoaminhypothese der Depression geht davon aus, dass ein Mangel an monoaminergen Neurotransmittern wie Dopamin, Noradrenalin, Adrenalin und Serotonin den Symptomen zugrunde liegt (Ehlert und Känel 2010).

Molekülstruktur von Serotonin, einem Botenstoff, der mit Wohlbefinden und Zufriedenheit assoziiert ist und bei Depressionen vermindert ist.

▲ Nackte TATSACHE
▲
▲
▲

Dopamin ist der Drahtzieher unseres Motivationssystems und Dirigent von Glücksmomenten (siehe „Nackte Tatsache: Dopamin, Workaholics und das verliebte Gehirn", S. 59). Bei Depressionspatienten ist die Dopamin-Ausschüttung nach Erfolgserlebnissen reduziert (Henriques und Davidson 2000).

Für gute Stimmung sorgt der Neuromodulator Serotonin, und gerade dieses „Wohlfühlhormon" fehlt Personen im Stimmungstief. Zahlreiche Antidepressiva regulieren daher auch den Serotonin-Spiegel im Gehirn. „Viele Patienten berichten, dass sie den Mangel an Freude noch schmerzlicher empfinden als das Vorhandensein von Traurigkeit", so der Psychologe Richard Davidson (Davidson und Begley 2016). Zeichnet sich das Jammertal also durch einen Mangel aus? Den Mangel an Lust und Freude?

Schlagwörter: Depression, präfrontaler Cortex, Monoaminhypothese, Dopamin, Serotonin

Traurig, melancholisch, antriebslos

Das Stimmungstief kann viele Ursachen haben.

▶ Es können **Ereignisse** sein, die einen aus der Balance bringen: eine Trennung, ein Todesfall, die Kündigung, ein Konflikt oder eine schwerwiegende Diagnose.

▶ Auch mangelnde **soziale Anerkennung**, ein **Konflikt** oder Mobbing können Anlass für eine Krise sein.

▶ Mitunter ist das Tief auch **körperlich bedingt**. Ursache kann ein gestörter Hormonhaushalt sein. So können zum Beispiel eine Fehlfunktion der Schilddrüse oder Nährstoffmangel Depressionen auslösen (siehe „Nackte Tatsache: Auf Fleisch verzichten, aber nicht auf die gute Laune!").

▶ Ja, und selbstverständlich kann Dauerstress, beziehungsweise der **Dauer-Turbo**, die Ursache für eine emotionale Erschöpfung und Burnout sein.

▶ Oder aber **zu hohe Erwartungen** an sich selbst oder das Umfeld verursachen den Kummer.

▶ Für manche Menschen ist der **Lichtmangel** in der dunklen Jahreszeit eine harte Prüfung für das Wohlbefinden.

Tagesrhythmus, Jahresrhythmus, Lichtverhältnisse, auch diese Einflussfaktoren sind nicht zu vernachlässigen. Vielleicht haben Sie das ja schon bei sich selbst beobachten können.

Nackte TATSACHE

Auf Fleisch verzichten, aber nicht auf die gute Laune!

Wir essen zu viel Fleisch. Die Ernährungspyramide empfiehlt maximal drei Fleischportionen wöchentlich (BMGF 2009), doch viele nehmen diese Menge täglich zu sich. Ein vollständiger Verzicht auf Fleisch in der Ernährung ist möglich – allerdings unter Umständen mit Mangelerscheinungen verbunden. Nährstoffmangel wirkt sich nicht nur auf den Körper, sondern auch auf die Psyche aus. Laut manchen Studien gibt es einen Zusammenhang zwischen fleischloser Ernährung und einem gehäuften Auftreten von Depressionen (Baines et al. 2007; Michalak et al. 2012). Diese Studien zeigen aber nicht, ob die Depressionen Ursache oder Folge des Fleischverzichts waren, und natürlich gibt es zahlreiche Faktoren, die das Entstehen einer psychischen Störung mitverursachen können.

Dennoch ist es gerade bei vegetarischer oder veganer Lebensweise wichtig, auf eine ausreichende Versorgung mit allen wichtigen Nährstoffen zu achten (Steffen 2014).

Eisen: Geht Ihnen die Luft aus?

Fleischarm heißt nicht eisenarm. Im Gegensatz zur landläufigen Meinung findet sich in vegetarischen und veganen Gerichten nicht unbedingt weniger Eisen als in Fleischspeisen (Davey et al. 2003). Doch das Eisen aus tierischen Produkten wird leichter in den Körper aufgenommen, während Eisen aus pflanzlicher Ernährung eine geringere Bioverfügbarkeit aufweist. Deshalb zeigen sich bei Vegetariern wie Veganern häufig Mangelerscheinungen in Form eines Hämoglobinmangels, wobei menstruierende Frauen durch den Blutverlust besonders betroffen sind (Haddad et al. 1999; Waldmann et al. 2004). Eisen ist wichtig für die Blutbildung und die Sauerstoffspeicherung und sorgt dafür, dass unser Blut seine wichtige Aufgabe des Sauerstofftransports erfüllen kann. Das erklärt auch die Folgen von Eisenmangel: Betroffenen bleibt förmlich die „Luft weg", sie klagen über Antriebslosigkeit, Müdigkeit und eine allgemeine Leistungsschwäche.

Vitamin D: sonniges Gemüt?

Vitamin D wird nicht nur über Nahrungsmittel, vor allem fetten Fisch, aufgenommen, sondern in erster Linie unter Sonneneinwirkung auf die Haut im Körper gebildet. Vitamin D regelt primär den >>>

Knochenaufbau, wirkt sich allerdings auch auf den Transmitterhaushalt im Gehirn aus und reguliert die Verfügbarkeit von Serotonin und Dopamin (Kesby et al. 2009; Patrick und Ames 2014). Mangelerscheinungen können den ganzen Körper betreffen, die Symptome umfassen Müdigkeit, verlangsamte Denkprozesse, Schlafstörungen und eine getrübte Stimmung bis hin zur Depression (Berk et al. 2007).

Vitamin B12: Schadstoffen den Kampf ansagen

Cobalamin, Vitamin B12, findet sich in Fleisch, primär in Innereien wie Leber und mit einer geringeren Bioverfügbarkeit auch in Milch und Eiern. Ein Vitamin-B12-Mangel ist bei Vegetariern und insbesondere Veganern sehr häufig (Pawlak et al. 2013). Cobalamin arbeitet eng mit einem weiteren B-Vitamin zusammen: der Folsäure. Gemeinsam spielen sie eine wichtige Rolle in Stoffwechselprozessen und unterstützen die Umwandlung von Schadstoffen wie Homocystein. Vitamin B12 hat in diesem Prozess die wichtige Aufgabe, Folsäure zu reaktivieren. Ohne Vitamin B12 kann also Folsäure seine Aufgabe langfristig nicht erfüllen. Mangelerscheinungen von B12 und Folsäure können vielseitige Symptome hervorrufen, wie Blutarmut, Magen-Darm-Probleme, Gewichtsverlust, aber auch psychische Folgen wie Depressionen und sogar Demenzerscheinungen haben (Coppen und Bolander-Gouaille 2005; Reynolds 2006).

Eine fleischlose Ernährung senkt das Risiko für viele Krankheiten wie Diabetes, Adipositas, Krebs, Herz-Kreislauf-Erkrankungen und Bluthochdruck (Steffen 2014). Bei einer streng vegetarischen oder veganen Ernährung können Blutuntersuchungen etwaige Mängel rechtzeitig aufdecken; so kann mit einer Supplementierung begonnen werden, noch bevor Symptome auftreten.

Schlagwörter: Mangelerscheinungen, vegetarisch, vegan, Eisen, Vitam. D, Vitam. B12, Folsäure, Ernährung

Das enge Zusammenspiel von Körper und Seele zeigt sich auf so vielen Ebenen. Es ist nicht nur die Ernährung, auch die Bewegung, die Haltung sowie das Schlafausmaß und die Schlafqualität können Ursache für schlechte Stimmung sein. Und manchmal verursachen wir selbst eine schlechte Schlafqualität, ohne uns dessen bewusst zu sein.

Verfinsterte Stimmung?

Melatonin, das Hormon der Nacht, wird aus Serotonin gebildet. Serotonin selbst ist mit einer positiven Stimmung assoziiert (siehe „Nackte Tatsache: Das Gehirn im Jammertal", S. 115, und „Wie essen wir uns glücklich?", S. 132).

Die Epiphyse (Zirbeldrüse) gibt je nach Tageszeit entweder das Wohlfühlhormon Serotonin oder das Schlafhormon Melatonin ab. Untertags bewirkt das einfallende Licht eine Hemmung des Umbaus   >>>

TATSACHE

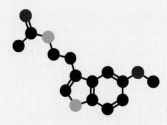

Molekülstruktur von Melatonin, welches nachts gebildet wird und uns schlafen lässt.

von Serotonin in Melatonin, und die Zirbeldrüse schüttet Serotonin aus. In der Nacht hingegen wird Serotonin in Melatonin umgewandelt, und dieses Hormon hilft uns dabei, einzuschlafen und die Tiefschlafphase zu erreichen.

Wie uns das Smartphone vom Schlaf abhält

Zu Mittag, wenn die Sonne hoch am Himmel steht, erreicht uns kurzwelliges Licht aus dem blauen Spektrum. Abends, bei untergehender Sonne, wird das Licht langwelliger und verschiebt sich zu den Rottönen. Das blaue Licht der Mittagsstunden wirkt besonders effektiv gegen die Melatonin-Produktion. Das Licht vieler Bildschirme enthält genau diese blauen Wellenlängen, obwohl es uns nicht blau, sondern weiß erscheint. Wer spätabends im Bett noch ein paar Postings auf seinem Smartphone liest, sich am Tablet durch die Nachrichten scrollt oder am Laptop die letzten E-Mails checkt, schläft nachweislich schlechter. Zwei Stunden vor dem Bildschirm reduzieren die Melatonin-Produktion um 25 % (Wood et al. 2013).

Sommer und Winter wie Tag und Nacht

In unseren Breiten ist es während der Wintermonate länger dunkel und das Verhältnis Melatonin – Serotonin verschiebt sich zugunsten des Melatonins. Wir sind müde und haben einen gesteigerten Appetit. Evolutionär betrachtet, haben diese jahreszeitlichen Schwankungen eine Funktion: Während der Wintermonate sparen wir unsere Kräfte, indem wir mehr schlafen, und unser Körper bildet Energiereserven (Kalbitzer et al. 2013). In der heutigen Zeit wird auf winterliche Ruhephasen meist keine Rücksicht mehr genommen und das erhöhte Ruhebedürfnis gerne ignoriert.

Manche Menschen leiden besonders unter saisonalen Stimmungsschwankungen, und die Auswirkungen der dunklen Jahreszeit können bis hin zu depressiven Symptomen reichen, was wir als Winterdepression oder saisonal-affektive Störung bezeichnen. Lichttherapie kann helfen, die Melatonin-Produktion untertags zu unterdrücken und so den Serotonin-Spiegel und die Stimmung wieder anzuheben (Avery et al. 2001).

Schlagwörter: Epiphyse, Melatonin, saisonal-affektive Störung, Serotonin, (Winter-)Depression

Aufgrund der so unterschiedlichen Ursachen für das Jammertal gibt es auch die unterschiedlichsten Intensitäten und Zeitspannen der Stimmungstiefs. Deshalb ist es sinnvoll, auch verschiedenste Strategien zu betrachten, um die individuell passende zu finden.

Sie haben die Wahl

Sie haben die Wahl, etwas zu verändern! Sie können in Selbstmitleid versinken, sich das Jammern zur Gewohnheit machen und Ihre Umgebung damit anstecken oder aber Sie werden aktiv und halten Ausschau nach effektiven Strategien, um wieder in den Muße- oder in den Turbo-Modus zu kommen. Manchmal braucht es auch den Umweg über die Wut – ein hinuntergeschluckter, verstummter Ärger kann auch ins Jammertal führen! Vielleicht braucht der Groll eine Befreiung im Wut-Bereich, dann ist zumindest schon einmal Energie da, die konstruktiv genutzt werden kann. Oder Sie machen Zwischenstation im Neutralpunkt – das ist immer eine gute Wahl für Veränderung.

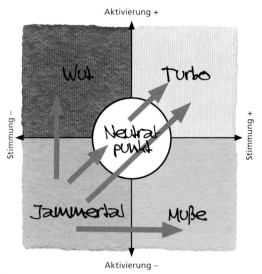

Vielfältige Wege führen aus dem Jammertal.

Wählen Sie!

Kognitive Strategien

Die Wurzel des Leids liegt oft in der Identifikation mit den Gedanken. Gedanken sind unglaublich mächtig, oft liegt es an ihnen, ob wir uns gut oder schlecht fühlen.

„Es sind nicht die Dinge an sich, die uns beunruhigen, sondern unsere Sicht der Dinge", sagte schon der griechische Philosoph Epiktet vor knapp 2000 Jahren.

Auch Marc Aurel brachte es auf den Punkt:
„Das Glück deines Lebens hängt von der Beschaffenheit deiner Gedanken ab."

Es sind also nicht die Lebensbedingungen, die unsere Gefühle bestimmen, sondern wie wir mit diesen Bedingungen umgehen. Unsere Gedanken, Überzeugungen, Bewertungen, Glaubenssätze, Erwartungen, Einstellungen bestimmen unser Wohlgefühl. Und jetzt kommt wieder die gute Nachricht: Gedanken sind veränderbar! Andere Gedanken ermöglichen andere Sichtweisen und diese wiederum erzeugen andere Gefühle.

„Achte auf Deine Gedanken, denn sie werden Worte.
Achte auf Deine Worte, denn sie werden Handlungen.
Achte auf Deine Handlungen, denn sie werden Gewohnheiten.
Achte auf Deine Gewohnheiten, denn sie werden Dein Charakter.
Achte auf Deinen Charakter, denn er wird Dein Schicksal." (Talmud)

Achten Sie auf Ihre Worte

Es ist schrecklich!
Es ist eine Katastrophe.
Ich werde verrückt.
Ich kann nicht mehr.

Worte machen etwas mit uns! Achten Sie auf Ihre Formulierungen – einzelne Wörter können sehr viel bewirken, indem sie in unserem Kopf einen ganzen Assoziationsraum eröffnen.

||||||||||||||||||||||||||||||||||||||||||||||||||||||||||||||||||||||||||||||||||||||||||||||||||||||||||||||||||||||||

Die Macht der Worte

Nehmen Sie sich 30 Sekunden Zeit, schließen Sie kurz die Augen und denken Sie an das Wort „Blumenwiese".
Wiederholen Sie nun genau die gleiche Übung. Diesmal denken Sie bitte 30 Sekunden lang an das Wort „Krieg".
Da wir Sie nicht mit diesem Wort aus dieser Übung entlassen wollen, bitten wir Sie jetzt noch zu einem dritten Durchgang. Denken Sie nun 30 Sekunden lang an das Wort „Kinderlachen".

||||||||||||||||||||||||||||||||||||||||||||||||||||||||||||||||||||||||||||||||||||||||||||||||||||||||||||||||||||||||

Wie geht es Ihnen jetzt? Wurden Sie vom Kinderlachen angesteckt? Sicherlich haben Sie bei den drei Durchgängen einen Unterschied gespürt. Wenn Ihr Gehirn permanent mit starken negativen Worten gefüttert wird, so braucht es Sie nicht zu wundern, dass das auf Ihre Stimmung drückt. Achten Sie einmal darauf, welche Worte Sie im Alltag verwenden. Und nicht nur das, achten Sie auch auf Ihre Gesprächsthemen, auf Ihren Facebook-Newsstream und das Fernsehprogramm, das Sie sich ansehen. Worüber reden Sie mit Ihren Kolleginnen und

Kollegen? Mit Ihrem Nachbarn, mit Ihrem besten Freund? Sind es immer nur schwierige Themen, Belastendes, oder hat da auch Erfreuliches Platz?

Die Gefahr ist, dass wir in eine Problemtrance geraten und das Jammertal gar nicht mehr verlassen können. Manchmal – ja, das kommt gar nicht so selten vor! – ist es ganz einfach eine Gewohnheit, über Sorgenvolles, Schwieriges oder Ärgerliches zu sprechen.

Das kann ja nichts werden. So bin ich halt.

Es können auch böse Glaubenssätze sein, die Sie herunterziehen. Die haben oft magische Wirkung und den Effekt einer selbsterfüllenden Prophezeiung: „Ich habe es ja gleich gewusst, dass das nichts wird!"

Da können Sie aktiv gegensteuern. Wie immer gilt es, das Phänomen wahrzunehmen und in einem zweiten Schritt dann steuernd einzugreifen. Mind your words!

So können Sie sich bei unterschiedlichen Themen auf Entdeckungsreise begeben, wie neue, achtsamere Formulierungen eine neue Sichtweise und eine andere Stimmung ermöglichen. Sie können es sich zu einem Sport machen, eine förderliche Diktion zu entdecken. Nicht nur in der Sprache, auch in der Wahrnehmung sollten Sie Ihre Aufmerksamkeit immer wieder ganz bewusst auf das Schöne, Angenehme, Freudige lenken.

„Fake it, until it's real" oder „Herr Brand, mir geht es ausgezeichnet!"

Tu so, als ob, bis es echt ist. Dazu fällt uns eine sehr nette und wahre Geschichte eines Seminarteilnehmers ein. Herr Brand ist mittlerweile schon in Pension, hat aber noch vor wenigen Jahren ein mittleres Unternehmen geleitet.

Herr Brand[1] erzählte, wie er jeden Morgen eine seiner Mitarbeiterinnen begrüßte und nach dem Befinden fragte: *„Und als Antwort kam immer: ‚Ach, Herr Brand, es ist furchtbar, meine Mutter... die Kinder...', jeden Tag gab es etwas zu jammern und zu klagen. Das war für mich auch nicht lustig. Es hat mich zusehends belastet. Na gut, eines Tages habe ich sie zu mir ins Büro gerufen: ‚Frau Zimmermann, ich muss Sie etwas bitten. Ab jetzt sagen Sie bitte immer, wenn ich Sie in der Früh frage, wie es Ihnen geht: Danke, Herr Brand, mir geht es ausgezeichnet!' Na ja, sie hat gemeint, das könne man doch nicht von ihr verlangen.*

---

1) Herr Brand hat gemeint, wir dürfen die Geschichte gerne weitererzählen. Seinen Namen haben wir trotzdem geändert.

Doch ich habe ihr erklärt: ‚Doch, denn so vermiesen Sie mir auch jeden Tag!' Am nächsten Tag frage ich sie also: ‚Guten Morgen, wie geht es Ihnen?'
Die Antwort: ‚Danke, Herr Brand, ausgezeichnet!' Der nächste Tag kam und wieder: ‚Danke, Herr Brand, mir geht es ausgezeichnet.' So ging das nun jeden Tag, und es dauerte nicht lange, da sagte sie doch glatt zu mir: ‚Danke, Herr Brand. Und wissen Sie was? Mir geht es tatsächlich ausgezeichnet!' "

Das heißt also, ich brauche nur jeden Tag zu sagen: „Mir geht es ausgezeichnet", und dann geht es mir besser?

Nein, natürlich nicht. Nicht zwingend. Aber es ist einen Versuch wert, etwas einmal anders zu machen als üblich, um eine Gewohnheit zu hinterfragen. Bei der Sekretärin hat sich anscheinend die Gewohnheit eingeschlichen, immer nur über Schwieriges zu reden.

Gewohnheit. Da hast du schon recht. Die Frage „Wie geht es dir?" zum Beispiel, da hab ich das auch, dass ich aus Gewohnheit immer das Gleiche sage.

Wie geht es dir denn?

Gut, aber ich habe so viel um die Ohren.

Ja, wenn du das jedes Mal betonst und wiederholst, dann festigst du das, dass du das Gefühl hast, zu viel Arbeit zu haben. Probiere doch mal einen anderen Satz und schau, was passiert.

Gut. Frag mich morgen wieder.

So kann es manchmal sein, dass man in einer Problemtrance ist, dass es zu einer Gewohnheit geworden ist, immer nur das Schwierige, das Problematische zu sehen. Da ist es ganz gut, einmal herausgerissen zu werden.

Pilze suchen – Glück finden

Wenn Sie in den Wald gehen, um Pilze zu sammeln – also wir in Wien suchen ja keine Pilze, sondern Schwammerln, aber egal –, wenn Sie also nun in den Wald gehen, um Pilze zu sammeln, so gehen Sie anders durch den Wald als bei einem ganz normalen Spaziergang. Sie haben Ihren Pilzradar eingeschaltet und richten Ihre Aufmerksamkeit ganz aktiv auf potenzielle Schwammerln. Die Wahrscheinlichkeit, welche zu entdecken, ist somit immens erhöht. Wenn die generelle Aufmerksamkeit erhöht ist, wenn die Antennen ausgefahren sind, so steigt auch die Wahrscheinlichkeit für glückliche Zufälle – Serendipität ist dazu der Fachbegriff: Bedeutsames zu entdecken, ohne dass man es darauf anlegt.

So funktioniert das auch mit dem Glück. Wenn Sie es suchen, so werden Sie es finden: indem Sie Ihre Antennen ausfahren und wahrnehmen. Mit allen Sinnen. (Übungen dazu haben Sie in diesem Buch schon kennengelernt – eine Übersicht finden Sie im letzten Kapitel ab Seit 163.) Hier machen Sie sich das Phänomen der selektiven Wahrnehmung zunutze. Wenn Sie beispielsweise ein neues Auto kaufen wollen, so fallen Ihnen plötzlich alle Autowerbungen auf. Wenn Ihr Radarschirm auf Erfreuliches, Schönes, Herzerwärmendes eingestellt ist, so taucht all dies plötzlich auf. Es ist auf jeden Fall sinnvoll, in der Gegenwart zu üben, sich das Jetzt zunutze zu machen, aber Sie können auch die Rückschau nützen, um das Gute in Ihrem Leben bzw. das Gute des Tages herauszufiltern. Eine wirksame Methode, beim Glücksuchen erfolgreicher zu sein, ist das Führen eines Glückstagebuchs.

Glückstagebuch? Das klingt nach Marienkäfern und Regenbogen, finde ich ehrlich gesagt ein wenig kindisch.
Es ist aber keineswegs kindisch, sondern eine Technik, wie du dich innerlich auf das Gelingende und Positive ausrichten kannst. Das ist der erwiesene Wirkmechanismus des Glückstagebuchs.
Klingt aber trotzdem langweilig. Esoterisch will ich ja nicht sagen.
Dann nennen wir es eben anders.

IIIIIIIIIIIIIIIIIIIIIIIIIIIIIIIIIIIIIIIIIIIIIIIIIIIIIIIIIIIIIIIIIIIIIIIIIIIIIIIIIIIIIIIIIIIIIIIIIIIIIIIIII

James Bond's Diary oder Tagebuch einer Königin

Wie auch immer Sie es nennen wollen: Es geht dabei darum, dass Sie am Ende des Tages Rückschau halten auf das, was heute gut war für Sie. Da brauchen Sie jetzt nicht unbedingt eine ewig lange Liste zu schreiben. Es genügt, wenn Ihnen ein besonderer Augenblick einfällt. Eine Begebenheit, die Sie glücklich gemacht hat. Es müssen keine großen Ereignisse sein, sehr oft sind es Kleinigkeiten. Eine besondere Lichtstimmung, ein nettes Lächeln, ein freundliches Wort, ein besonderer Duft … Wenn Sie nun in der Rückschau danach suchen, was gut war an dem jeweiligen Tag, so werden Sie nach und nach ein besseres Sensorium für diese kleinen *Magic Moments* bekommen. Und diese werden sich wie von selbst häufen.

IIIIIIIIIIIIIIIIIIIIIIIIIIIIIIIIIIIIIIIIIIIIIIIIIIIIIIIIIIIIIIIIIIIIIIIIIIIIIIIIIIIIIIIIIIIIIIIIIIIIIIIIII

Time-out für das Jammer-Thema

Sieh es positiv! – Sagt sich leicht, wenn gerade alles grau ist! Deshalb ist es mitunter ganz gut, das Thema, das einen ursprünglich ins Jammertal gebracht hat, einmal außen vor zu lassen. Hier kommt wieder der Gedankenstopp ins Spiel: Erinnern Sie sich an die Strategie des *Stopping*, die Sie bei den „Großen Ärgernissen" im Kapitel Wut kennengelernt haben (siehe S. 100). Diese Methode hilft nicht nur in der Wut, auch im Jammertal ist es mitunter sinnvoll, etwas ganz anderes zu tun – beziehungsweise etwas ganz anderes zu denken.

Ziel ist es wiederum, die Perspektive zu wechseln.

Im Wut-Modus haben wir einen Tunnelblick, der ganz auf das Problemthema fokussiert, im Jammertal legt sich ein grauer Schleier über das Erleben. Da hilft es, den Blick auf etwas anderes zu richten.

Das ist ja leicht gesagt. Aber wenn mich etwas wirklich beschäftigt, kann ich das nicht einfach ignorieren. Letztes Jahr beispielsweise war meine Schilddrüse vergrößert, und da habe ich mir schon richtig Sorgen gemacht. Wie soll ich den Blick auf etwas anderes lenken, wenn ich auf einen wichtigen Befund warte?

Natürlich ist es verständlich, in so einer Situation besorgt zu sein. Trotzdem ist es gerade da wichtig, die Fähigkeit zu haben, abzuschalten und aus den Gedankenspiralen auszubrechen. Es bringt ja nichts, wenn du dir hunderttausend Gedanken machst. Es ändert nichts.

Sagt sich leicht. Wie mach ich das, wenn ich an nichts anderes denken kann als an den Befund, auf den ich warte?

Das ist Trainingssache. Du kannst deinen Aufmerksamkeitsfokus ganz bewusst verschieben und lenken. Das kannst du am besten mit einem einfachen Beispiel üben, damit du dann bei sehr belastenden Themen diese Technik zur Verfügung hast.

||||||||||||||||||||||||||||||||||||||||||||||||||||||||||||||||||||||||||||||||||||||||||||||||

Fokus verschieben

Richten Sie die Aufmerksamkeit auf irgendeinen Gegenstand in Ihrem Umfeld, zum Beispiel auf Ihren Kugelschreiber. (Ob es nun der Kugelschreiber ist, der Tisch oder der Schuh, ist egal.) Sie richten Ihre ganze Aufmerksamkeit darauf. Und stürzen sich in eine detaillierte Beobachtung. Wie sieht dieser Gegenstand ganz genau aus? Wie ist die Oberflächenbeschaffenheit? Sie berühren den Gegenstand nicht, Sie sind nur in einer mentalen Beobachtung. Wie glauben Sie, dass sich der Gegenstand anfühlt? Warm oder kalt? Glatt, rau, weich oder hart? Was denken Sie, welchen Geschmack hat dieser Gegenstand? Wie würden Sie die Farbe beschreiben? Ihre ganze Wahrnehmung ist also auf diesen einen Gegenstand gerichtet.

Nun bereiten Sie sich innerlich darauf vor, dass Sie die Aufmerksamkeit auf einen anderen Gegenstand im Raum richten werden. Auf das Fenster – oder auf die Tür oder auf den Teppich. Aber Sie tun es noch nicht! Sie denken nur daran, dass Sie es tun werden. Der Blick ist jedoch noch immer beim Kugelschreiber.

Dann bestimmen Sie selbst den Zeitpunkt, wann der Blick und somit Ihre Aufmerksamkeit zur Tür gerichtet wird. Und nun ist die Aufmerksamkeit ganz bei der Tür. Wie sieht sie genau aus? Welche Farbe hat sie? Ganz bewusst bestimmen Sie selbst den Fokus Ihrer Wahrnehmung und Aufmerksamkeit. Das ist Loslassen! So funktioniert das auch bei emotionalen Themen. Sie bestimmen selbst, wohin sich Ihre Aufmerksamkeit richtet.

|||||||||||||||||||||||||||||||||||||||||||||||||||||||||||||||||||||||||||||||||||||||||||||||||||||||||||||||||

Merci! Und diesmal meinen wir nicht die Schokolade

Bei den Dankbarkeitsübungen in den Seminaren zeigt sich, dass das Wort Dankbarkeit mitunter sehr zwiespältig aufgenommen wird. Wenn auch Sie ein ambivalentes Verhältnis zu diesem Wort haben, können Sie Fakten vielleicht überzeugen und motivieren, sich doch damit zu befassen – darum hier eine „nackte Tatsache" zum Thema Dankbarkeit.

Dankbar für die Gesundheit

Ein Mittel gegen Kopfschmerzen, Schwäche, Schwindel, Magenschmerzen, allgemeine Schmerzen, Kurzatmigkeit, Schmerzen in der Brust, Akne oder Hautreizungen, laufende oder verstopfte Nase, Muskelverspannungen oder Muskelkater, Magenverstimmung oder Übelkeit, Reizmagen oder Reizdarm, Hitzewallungen oder Frostattacken, Appetitmangel, Husten und Halsschmerzen?

Was macht uns widerstandsfähiger gegen die kleinen körperlichen Beschwerden des Alltags?

Der Psychologe Robert Emmons führte über einen Zeitraum von zehn Wochen ein Experiment mit drei verschiedenen Versuchsgruppen durch: Die erste Gruppe erfasste fünf Dinge, für die sie im Laufe jeder Woche dankbar war, die zweite Gruppe notierte fünf Schwierigkeiten, mit denen sie im Laufe der Woche konfrontiert war, und die dritte Gruppe wurde aufgefordert, jeweils fünf beliebige Erlebnisse festzuhalten. Versuchspersonen der ersten Gruppe waren unter anderem dankbar für „die Großzügigkeit unter Freunden", „wundervolle Eltern" oder auch „die Rolling Stones", während Versuchspersonen der zweiten Gruppe sich über die schwierige Parkplatzsuche oder die schmutzige Küche beschwerten und die dritte Gruppe neutrale Erlebnisse festhielt, wie „hab meinen Schuhkasten geputzt" oder „bin zurück nach Sacramento geflogen". Zahlreiche Parameter wurden vor und nach der zehnwöchigen Phase erfasst. Wer sich zehn Wochen lang auf positive Erlebnisse besonnen hatte, äußerte sich nicht nur zufriedener über sein Leben und optimistischer über die Zukunft, sondern meldete auch weniger körperliche Symptome als die beiden anderen Gruppen (Emmons und McCullough 2003).

Schlagwörter: Dankbarkeit, Psychoneuroimmunologie

Nackte TATSACHE ▲ ▲ ▲

Dankbarkeit wirkt

Was steckt dahinter? Warum hat Dankbarkeit so immense Auswirkungen? Sie schafft es, dass Themen, die im Alltag nicht unsere Aufmerksamkeit bekommen, ans Tageslicht gehoben werden. Es sind oft Umstände, die für uns ganz selbstverständlich sind, Bedingungen, die erst auffallen, wenn sie nicht mehr erfüllt sind. Erst wenn beispielsweise durch eine Erkrankung die Erfahrung gemacht wird, wie extrem unangenehm es sich anfühlt, wenn man nicht ausreichend Luft bekommt, weiß man zu schätzen, wie unglaublich wertvoll unbelastetes Atmen ist. Im Normalfall denkt man nicht über seine Atmung nach. Aber bei einer ausgiebigen Beschäftigung mit der Dankbarkeit können solche Selbstverständlichkeiten plötzlich bewusst wahrgenommen werden, und sie zeigen auf, in welcher Fülle wir leben. Auch hier gilt wieder: Die Wirkung zeigt sich selbstverständlich nur dann, wenn Sie die Übung tatsächlich machen!

‖‖

Wofür sind Sie dankbar?

Beginnen Sie noch heute mit Ihrer Liste. Wenn Sie eine Starthilfe brauchen, sind hier ein paar Vorschläge: dass Sie lesen können, dass Sie sich mit sich selbst beschäftigen, dass Sie etwas zu essen haben, dass es die Musik von Mozart gibt…
Die Idee ist, dass Sie jeden Tag mindestens fünf Dinge, Umstände, Bedingungen, Ereignisse aufschreiben, für die Sie dankbar sind. Sie können auch ein Büchlein anlegen, eine Liste, es kann auch eine Excel-Tabelle sein. Oder Sie legen eine Notiz in Ihrem Smartphone an. Das Aufschreiben hat eine größere Wirkung, als sich die Dinge nur zu überlegen. So wird die Fülle auch tatsächlich für Sie sichtbar.

‖‖

Das wird schön!

Sie können auch die Vorfreude nutzen, um Ihre Stimmung wieder heller werden zu lassen. Worauf freuen Sie sich? Je mehr Sie sich das ausmalen, umso mehr tauchen Sie schon in das positive Gefühl ein, das auf Sie zukommen wird: der Urlaub, das Geburtstagsfest, das Konzert am Abend, die Mango in der Pause, die Sonne auf dem Heimweg, der Ausflug, die Skitour … Der Blick auf ein Ereignis in der Zukunft kann helfen, eine grau erscheinende Gegenwart in helleren Farben erstrahlen zu lassen.

Darin liegt jedoch manchmal auch der Hund begraben: nämlich dann, wenn Sie dazu neigen, zu hohe beziehungsweise zu konkrete Erwartungen zu haben. Kombiniert mit Flexibilitätsschwäche, ist die große Enttäuschung programmiert. Wenn die Hausfrau sich schon immens auf Weihnachten freut, jedes Detail geplant hat, sich genau ausmalt, wie was ablaufen soll, was gekocht wird, wer was tun wird, wer sich wie zu verhalten hat, dann lauert Gefahr! Hohe Erwartungen, genaue Vorstellungen, gepaart mit wenig Spielraum: Das kann fast nur schiefgehen.

Daher: Vorfreude ja! – aber in Maßen, nicht überzogen und dabei möglichst flexibel bleiben, Überraschungen freudig annehmen. Das sagt sich leicht, aber man kann sich schon ein Stückchen vornehmen, nicht zu sehr auf den eigenen Plan fixiert zu sein.

Kopf hoch!

Körperliche Strategien

Keine Angst, hier kommt diesmal keine Atemübung – beziehungsweise eine gut getarnte. Erinnern Sie sich an die Idee des Bodyfeedbacks? (Siehe S. 30.) Sie können Ihre Körpersprache einsetzen, um Ihre Stimmung zu wandeln: etwa langsamer gehen, wenn Sie es eilig haben. Im Jammertal haben Sie sicherlich eine andere Körperhaltung als im Turbo. Das können Sie sich wiederum zunutze machen.

Wohin blicken Sie? Und was machen Ihre Schultern?

In trauriger Stimmung ist wahrscheinlich auch Ihre Haltung traurig, das heißt, Sie gehen wohl etwas gebeugt. Richten Sie sich ganz bewusst auf und, vor allem, heben Sie Ihren Blick. So kommen Sie nicht nur in Bewegung, sondern der Blick weitet sich wieder. Ein gesenkter Kopf schränkt die Wahrnehmung ein und lässt uns oft nur mehr das Schwierige sehen. Ist der Blick jedoch angehoben, erweitert sich das Blickfeld, die Scheuklappen des Jammertals dürfen aufgehen. Und nicht nur der Blick soll breiter werden, sondern auch Ihr Brustkorb.

III

Weit werden

Strecken Sie die Arme vor sich aus, Handflächen zeigen zueinander – so wie betende Hände –, und dann bewegen Sie Ihre gestreckten Arme weit auseinander. Ganz weit, sodass sich die Schulterblätter annähern und Ihr Brustkorb sich weiten kann. Das können Sie ein paarmal hintereinander tun. Es hat automatisch Auswirkungen auf Ihre Atmung. Ja, ja, schon wieder! Sie können das noch forcieren, indem Sie beim Öffnen der Arme einatmen und beim Schließen wieder ausatmen. Machen Sie das langsam, ganz bewusst und genussvoll. Stellen Sie sich vor, dass mit jedem Atemzug, mit jedem Armeöffnen wieder Lebensfreude einströmen kann. Atmen ist Leben. Im Sanskrit bedeutet „Atman" auch Lebenshauch und ewige Existenz des Geistes, oder auch Seele.

IIIIIIIIIIIIIIIIIIIIIIIIIIIIIIIIIIIIIIIIIIIIIIIIIIIIIIIIIIIIIIIIIIIIIIIIIIIIIIIIIIIIIIIIIIIIIIIIIIIIIIIIIIIII

Wenn die Beine noch kurz sind

Sie können auch das Kindsein nutzen, um Ihre Leichtigkeit und Unbeschwertheit zu aktivieren.

Wie soll das funktionieren?

Dazu kann ich dir eine nette Geschichte erzählen. Mir ist Folgendes passiert: Ich gehe mit meiner Schwester laufen, wir vereinbaren einen Treffpunkt, an dem ich eine ganze Weile auf sie warte. Ich lasse mich auf einem Bankerl nieder, und da dieses Bankerl an einem Hang steht, reichen meine Beine nicht bis zum Boden, und ganz unbewusst beginne ich, mit den Beinen zu schaukeln. Mit beiden Unterschenkeln gleichzeitig, dann versetzt, hin und her, während ich warte und warte. Und ganz allmählich stellt sich ein neues Gefühl ein. Ich glaube, seit ich eine Körpergröße erreicht habe, die es mir möglich macht, beim Sitzen mit den Füßen den Boden zu berühren, habe ich nicht mehr mit den Unterschenkeln hin- und hergeschaukelt. Das Beineschaukeln hat in mir ein kindliches Gefühl geweckt. Es fühlte sich jedenfalls plötzlich ganz leicht und verspielt an, Unbeschwertheit und Lebensfreude machten sich breit. Sie können das ausprobieren, indem Sie sich auf einen Tisch setzen und einmal für zwei Minuten mit den Füßen schaukeln. Hin und her. Eine ganze Weile. Was macht das mit Ihnen? Als meine Schwester dann angekommen ist, hatte ich schon einen satten Grinser im Gesicht. Dieses Erlebnis war für mich Anlass, nach Bewegungen, Körperhaltungen und Tätigkeiten zu suchen, die ein kindliches Gefühl wecken. Ob es schaukeln ist, eine Stiege hochzusteigen, wobei immer nur ein Bein die nächste höhere Stufe erreicht, das andere Bein dann nur nachgestellt wird, ein Wechselschritt oder ein Hüpfer. Gehen Sie anders, als Sie es üblicherweise tun – vorzugsweise schwungvoller. Das alles kann helfen, sich selbst einen Impuls zu geben, die Lebensfreude und Unbeschwertheit wieder zu wecken. Mitunter kann auch ein Besuch auf einem betriebsamen Spielplatz eine gute Inspiration sein.

Tu was!

Behavioristische Strategien

Wenn man im Jammertal ist und dort richtig satt gelandet ist, dann ist die Gefahr groß, ganz in Selbstmitleid zu versinken: *Ich bin so arm. Ich kann gar nichts. Die Welt ist schlecht. Da komm ich nie wieder raus. Mein Leben ist schwierig.* Wie ein grauer Schleier legt sich die pessimistische Grundhaltung nach und nach über alle Lebensthemen und man suhlt sich in seinem Opferdasein. Das kann wie Treibsand sein, der einen immer tiefer hineinzieht. Da gilt es nun aktiv zu werden.

Bewegung als Therapie

Wenn Sie schlecht drauf sind, dann empfehle ich Ihnen: Machen Sie Bewegung! Gehen Sie spazieren!

Dem Stress davonspazieren

Die Stressreaktion aktiviert unsere Ressourcen, um in einer Gefahrensituation optimal gerüstet zu sein. In einer akuten Bedrohungssituation ist es wichtig, dass Stresshormone wie Cortisol massiv ausgeschüttet werden. Während Ruhephasen sollte der Cortisol-Spiegel jedoch niedrig sein. Bei depressiven Personen ist genau dieser Basis-Cortisol-Spiegel erhöht und der Körper steht unter einer andauernden Cortisol-Belastung. Dieser erhöhte Cortisol-Pegel schädigt den Hippocampus sowie den präfrontalen Cortex (Ehlert und Känel 2010), wobei sich im Hippocampus eine Schädigung von Nervenverbindungen sowie eine Beeinträchtigung der Neurogenese, der Neubildung von Nervenzellen, zeigt. Diese neurotoxischen Effekte von Cortisol reduzieren das Volumen von Hippocampus und Stirnhirn. Bei depressiven Patienten kann der Hippocampus ein Fünftel seiner Größe verlieren (Lupien et al. 2005).

Körperliche Aktivität wirkt den negativen Effekten von Cortisol entgegen und stimuliert die Neurogenese im Hippocampus (Ehlert und Känel 2010). Verschiedene Studien machten sichtbar, dass Bewegung Symptome der Depression reduziert (Rosenbaum et al. 2014; Ranjbar et al. 2015), unsere geistige Leistungsfähigkeit steigert und unsere Stimmung hebt (Voss et al. 2011). Dieser Effekt gilt insbesondere für Ausdauersportarten wie Schwimmen, Radfahren, Nordic Walking oder auch Spaziergänge.

Nackte TATSACHE ▲▲▲▲

Wenn Ihnen das Gehen zu langweilig ist, Sie aber zu den begeisterten Läufern zählen, dann kommt wiederum ein anderes Glückshormon zum Einsatz: Bei Distanzläufen kann sich das sogenannte *Runner's High* einstellen und Sie werden mit Endorphinen verwöhnt.

Wenn Schmerzen euphorisch machen

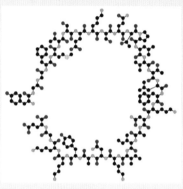

Molekülstruktur von Endorphin, unserem körpereigenen Opioid, welches Schmerzen hemmt und Euphorie ermöglicht.

Aus dem getrockneten Saft des Schlafmohns (Opium) wird Morphin gewonnen, ein stark wirksames Schmerzmittel. Unser Körper produziert auch selbst Opioide, der Name Endorphin ist eine Wortkreuzung aus „endogen" und „Morphium".

Endorphin wird gern als körpereigenes Glückshormon bezeichnet, seine primäre Funktion ist allerdings die Schmerzhemmung und die Unterdrückung von Hunger.

Endorphine werden im Rahmen der Stressreaktion und als Reaktion auf Schmerzen ausgeschüttet und helfen in einer akuten Bedrohungssituation, Schmerzen zu unterdrücken (siehe auch „Nackte Tatsache: Alarmlicht im Gehirn", S. 90).

Endorphine scheinen an der Entstehung euphorischer Zustände beteiligt zu sein und dienen daher als Erklärung für das *Runner's High* (Boecker et al. 2008).

Schlagwörter: Bewegung, Cortisol, Depression, Endorphine, Euphorie, Hippocampus, Morphin, Neurogenese, Opium, präfrontaler Cortex, Runner's High, Schmerzen, Stress

Selbstfürsorge statt Selbstmitleid

Es ist an der Zeit, dass Sie sich etwas Gutes tun, anstatt in Selbstmitleid zu versinken. Sammeln Sie Ideen für Tätigkeiten, die Ihr Wohlgefühl wecken beziehungsweise steigern. Seien Sie doch nett zu sich. Manchmal fehlen einem in dunkler Stimmung die Ideen, was guttut, deshalb ist es sinnvoll, eine Ideenliste in petto zu haben, sie nach und nach wachsen zu lassen.

Purzelbaum mit Schlagobers

Legen Sie sich eine Liste mit Ideen an, die Sie in gute Stimmung bringen. Diese Liste kann und soll über einen längeren Zeitraum wachsen und kann Ihnen als Nachweis dienen, welche Fülle an Wohlfühlstrategien Ihnen zur Verfügung steht, um den Alltag zu versüßen. Das kann eine ganz, ganz bunte Liste werden:

Welche Personen tun Ihnen gut?

Welche Umgebung versetzt Sie in angenehme Stimmung?

Gibt es Plätze, die ein gutes Gefühl in Ihnen auslösen?

Gehen Sie gerne ins Museum?

Welche Musik hören Sie gerne?

Tut Ihnen Singen oder Pfeifen gut?

Was schmecken oder riechen Sie gerne?

Folgende Überlegung kann Ihnen da auf die Sprünge helfen: Sie können sich vorstellen, dass eine liebevolle Oma sich Dinge ausdenkt, wie sie ihrem Enkel eine Freude bereiten kann. Sie geht mit ihm Eis essen, lädt ihn ins Kino ein oder geht mit ihm in den Wald. Lassen Sie diese Liste über längere Zeit wachsen, es wird Ihnen immer wieder einmal etwas einfallen.

Purzelbaum mit Schlagobers, dazu gibt es doch auch ein Lied?
Ja, das habe ich von der genialen Cellistin Sophie Abraham[2] komponieren lassen, es hilft, die Lebensfreude zu wecken.

Das Lied findet sich übrigens im Hörbuch „Bertl und Adele suchen das Glück und treffen Herrn Grant" (Hineinhören: Smolka et al. 2016).

Vielleicht kommt in Ihrer Wohlfühlliste auch Schokolade vor?
Macht sie uns glücklich?

---

2) Nähere Informationen zu Sophie Abraham finden Sie unter: www.sophie-abraham.com

▲ ▲
▲ ▲
▲

Wie essen wir uns glücklich?

Glücksbote im Gehirn

Der Botenstoff Serotonin wird populärwissenschaftlich gerne als „Wohlfühlhormon" bezeichnet. Ein treffender Name, denn der Neuromodulator, der von den Raphekernen des Hirnstamms ausgeschüttet wird, wirkt im gesamten Gehirn und hebt unsere Stimmung. Wenn wir zufrieden sind, steigt der Serotonin-Spiegel in unserem Gehirn. Übrigens macht Serotonin nicht nur zufrieden, sondern auch gelassen, denn es hemmt Impulsivität und Aggression. Bei Depressionen ist der Botenstoff Serotonin nicht in ausreichender Menge vorhanden (siehe „Nackte Tatsache: Das Gehirn im Jammertal", S. 115). Antidepressiva versuchen, den Serotonin-Spiegel anzuheben. Das gelingt etwa, indem der Abbau des Botenstoffs oder seine Wiederaufnahme am synaptischen Spalt unterdrückt werden.

Glücksbotenzufuhr auf Umwegen

3D-Rendering der Molekülstruktur von Insulin. Insulin wird von der Bauchspeicheldrüse ausgeschüttet und reguliert den Blutzuckerspiegel.

Der Zusammenhang zwischen Serotonin und Ernährung ist kompliziert. Serotonin wird aus der Aminosäure Tryptophan gebildet. Diese Aminosäure zirkuliert im Blut und kann die Blut-Hirn-Schranke passieren. Dabei konkurriert sie allerdings mit anderen Aminosäuren.

Wenn unser Blutzuckerspiegel hoch ist, wird von unserem Körper Insulin ausgeschüttet. Insulin sorgt dafür, dass Zucker aus dem Blut in die Muskeln transportiert wird. Neben Zucker werden dank Insulin auch andere Nährstoffe in die Muskeln übergeführt, beispielsweise zahlreiche Aminosäuren, nicht aber Tryptophan.

Sobald wir kohlenhydratreiche Nahrung zu uns nehmen, sorgen Blutzuckeranstieg und die Insulinausschüttung dafür, dass die mit dem Tryptophan um die Passage der Blut-Hirn-Schranke konkurrierenden Aminosäuren in die Muskulatur aufgenommen werden, und Tryptophan hat freie Bahn in unser Gehirn. Im Gehirn landet Tryptophan in den Raphekernen, dringt in Serotonin-produzierende Zellen ein und wird dort in Serotonin umgewandelt – unsere Stimmung steigt (Lieberman et al. 1986).

Warum eine ausgeglichene Ernährung langfristig glücklicher macht als Schokolade

Schokolade, Bananen, Datteln und andere kohlenhydratreiche Snacks helfen demnach tatsächlich, die Stimmung zu heben. Kalorienarme Diäten senken im Gegenzug die Stimmung und fördern Aggressionen (Deijen et al. 1989; Keith et al. 1991).

Dieser Effekt führt dazu, dass manche Menschen in der dunklen Jahreszeit oder während stressiger Phasen dazu neigen, kohlenhydratreiche Snacks wie Chips, Süßigkeiten oder Säfte im Übermaß zu sich zu nehmen (Wurtman und Wurtman 1995). Hier lauert also auch eine gewisse Gefahr, nämlich dann, wenn die Menge zu groß wird und die Gesundheit leidet. Der Psychologe David Benton von der   >>>

Universität Swansea in Wales betont, dass die stimmungsfördernden Effekte von Süßspeisen, allen voran Schokolade, auch durch die Ausschüttung von Endorphinen aufgrund des Genusses erklärbar sind (Benton 1999).

Wer sich langfristig wohler fühlen möchte, profitiert am meisten von einer genussvollen, aber ausgeglichenen Ernährung, denn ein Mangel an wichtigen Vitaminen und Mineralstoffen kann unsere Stimmung nachhaltig trüben (Benton und Donohoe 1999) (siehe auch „Nackte Tatsache: Auf Fleisch verzichten, aber nicht auf die gute Laune!", S. 116).

Schlagwörter: Ernährung, Genuss, Insulin, Mangelerscheinungen, Schokolade, Serotonin, Tryptophan

Das wollte ich immer schon einmal machen

Im Jammertal zu sein birgt die Gefahr, dass man immer träger und träger wird und jegliche Motivation, aktiv zu werden, schwindet – und sehr oft wird dadurch die Schlafdauer verlängert. Während beim Wut- und Turbo-Typ oft Schlafmangel vorherrscht, wird im Jammertal-Modus mitunter zu viel geschlafen.

Zu viel Schlaf?

Schlaf ist gesund und wichtig für unsere körperliche und geistige Leistungsfähigkeit. Wer unter Schlafmangel leidet, ist darum nicht nur müde und unkonzentriert, sondern auch anfälliger für Krankheiten. Wer hingegen ausreichend schläft, ist besonders leistungsfähig (siehe auch „Nackte Tatsache: Regenerationsmodus Schlaf", S. 73).

Wir können auch zu viel schlafen

Ein Mehr an Schlaf als das individuell notwendige Pensum macht uns nicht unbedingt noch gesünder und leistungsfähiger. Zu viel Schlaf macht müde und träge. „Ein längerer Schlaf am Wochenende kann Abgeschlagenheit hervorrufen und trägt nur bedingt zur Leistungssteigerung bei." (Saletu und Altmann 2015) Zu wenig Schlaf – aber auch zu viel Schlaf – ist ungesund. Wer langfristig weniger als sechs Stunden schläft, riskiert gesundheitliche Probleme; die Sterblichkeitsrate bei Menschen, die unter sechs Stunden schlafen, ist gegenüber Normalschläfern erhöht (Ehlert und Känel 2010). Für Langschläfer, Menschen, die länger als neuneinhalb Stunden schlafen, ist das Risiko allerdings sogar noch höher (Saletu und Altmann 2015).

Schlaflose Nächte als Vorbote der Depression

Depressionen sind häufig von Schlafstörungen begleitet und kündigen sich häufig auch durch eine Reihe schlafloser Nächte an. Depressive Menschen verbringen viel Zeit im Bett – doch anstatt von erholsamen Tiefschlafphasen ist diese Zeit von rastlosem Herumwälzen und unruhigen Gedanken geprägt. Trotz der zusätzlichen Stunden im Schlafzimmer fühlen sich Betroffene darum müde und erschöpft.   >>>

Nackte TATSACHE ▲ ▲ ▲ ▲

Schlafentzug als Mittel gegen Depression

Schlaflosigkeit und Depression behandeln durch Schlafentzug? Klingt paradox, funktioniert aber. In der Behandlung von Depressionen wird Schlafentzug erfolgreich eingesetzt (Dallaspezia et al. 2015). Bei dieser Therapie werden Patienten über Nacht wach gehalten. Am Folgetag zeigen sich eine Verbesserung der Stimmung und ein Anstieg des Serotonin-Spiegels. Der Effekt ist stabiler, wenn auch in den anschließenden Nächten Einschlaf- und Aufwachzeiten kontrolliert werden, häufig in Form einer Schlafphasenvorverlagerung: Patienten gehen in der Folgenacht zeitig zu Bett, werden aber auch besonders zeitig geweckt. Am nächsten Tag ist die Einschlafzeit eine Stunde später und auch die Weckzeit wird nach hinten verschoben, bis sich letztlich wieder ein normaler Schlaf-Wach-Rhythmus einstellt (Wirz-Justice und Van den Hoofdakker 1999).

Der Leipziger Psychiater Ulrich Hegerl erklärt die Wirksamkeit der Schlafentzugstherapie über die Reduktion der inneren Wachsamkeit depressiver Personen. Der Schlafentzug mindert die innere Unruhe und ermöglicht letztlich einen erholsamen Schlaf (Hegerl und Hensch 2014). „Nach einer durchwachten Nacht wird der Schlaf in der darauffolgenden Nacht tiefer und die Schlafdauer länger." (Ehlert und Känel 2010) Diese gesteigerte Erholung gelingt allerdings nicht, wenn der Schlafentzug über mehrere Nächte hinweg anhält. Langfristiger Schlafentzug wirkt sich daher nicht positiv auf unsere Stimmung aus, ganz im Gegenteil (McEwen 2006). „Länger dauernder Schlafentzug und die Insomnie sind Risikofaktoren für die Entwicklung einer Depression." (Ehlert und Känel 2010) Damit wir uns wohlfühlen, sollten wir also weder zu viel noch zu wenig schlafen.

Schlagwörter: Cortisol, Depression, Schlaf, Schlafentzug

Statt zu schlafen, ist es wichtig, wieder in Schwung zu kommen, aktiv zu werden. Am besten kann das mit einer Tätigkeit gelingen, die Ihre Begeisterung weckt.

Fällt Ihnen etwas ein, wo Sie sich denken: „Das wollte ich immer schon mal machen!" – „Aber ich hatte keine Zeit" oder „Ich habe mich nicht getraut" oder „Das macht man nicht". Vielleicht sollten Sie genau das jetzt tun oder die ersten Schritte setzen, dorthin zu kommen.

> **Ist es eine Reise?**
> **Das Lernen eines Musikinstruments? (Vielleicht Kontrabass ☺ ?)**
> **Eine neue Sportart?**
> **Malen?**

Stellen Sie sich dieser Sehnsucht, die Sie schon lange mit sich herumtragen und die möglicherweise der Wenn-dann-Falle zum Opfer gefallen ist: „Das mache ich, wenn die Kinder groß sind, wenn das Projekt beendet ist (da kommt aber leider schon das nächste), wenn ich die Ausbildung abgeschlossen habe, wenn das Haus fertig gebaut ist, wenn, wenn, wenn."

Nein! Jetzt!

Sie können gleich jetzt einen Musiklehrer finden, in ein Reisebüro gehen, im Internet nach einem Tanzkurs oder Chor Ausschau halten, einen Kung-Fu-Trainer suchen.

Es geht hier darum, die Komfortzone zu verlassen – nicht nur Sofa, Fernsehen, Bett und Essen, sondern etwas tun!

> *„Wenn du haben willst, was du noch nie gehabt hast,*
> *dann tu, was du noch nie getan hast."*
> *(Nossrat Peseschkian)*

Was ist Ihr Herzenswunsch, den Sie sich erfüllen können? Für den Sie zumindest erste Schritte in die Wege leiten können? Es wird Ihnen helfen, die Erfahrung zu machen, dass Ihr Tun etwas bewirkt. Dass Sie selbstwirksam sind. Oft ist der erste Schritt der schwierigste. Aber er ist auch der wichtigste. Machen Sie ihn! Es kann ja ein kleiner Schritt sein. Ganz nach dem Prinzip der Babyschritte.

Babyschritte

Ein persönliches Vorhaben, sei es regelmäßig Sport zu treiben, mehr Zeit für sich zu haben oder Kontrabass zu lernen, gelingt nicht von einem Tag auf den anderen. Um Ihre Motivation zu heben und Zuversicht für ein Gelingen zu schaffen, ist es hilfreich, sich nicht zu überfordern, sich also nicht allzu viel zuzumuten. Wenn Sie beispielsweise vorhaben, mehr Sport zu machen, so sollten Sie sich nicht vornehmen: *Ab heute gehe ich jeden Tag mindestens eine Stunde laufen*, sondern etwa: *Ich gehe mindestens zweimal in der Woche fünfzehn Minuten flott spazieren.* Das ist das Prinzip der Babyschritte. Das Vorhaben ist nicht zu groß, ansonsten riskieren Sie, dass Sie es nicht durchhalten und erst recht enttäuscht und frustriert sind. Da besteht die Gefahr der Überforderung und Resignation. Das Vorhaben soll so minimalistisch und realistisch sein, dass Sie es auch tatsächlich umsetzen. Wenn Sie sich zweimal die Woche fünfzehn Minuten vornehmen und es werden daraus fünfmal die Woche dreißig Minuten, so soll es Ihnen recht sein.

Die Babyschritte schaffen Zuversicht: Ich kann das! Ich mache das! Das Gefühl der Selbstwirksamkeit soll hier gestärkt werden: Ihr Tun bewirkt etwas, und Sie haben es selbst in der Hand.

Schreiben Sie sich frei

Schreiben kann sehr heilsam sein und Wundervolles bewirken. Sie können dabei den Fokus auf ein Problem richten, sich den Kummer von der Seele schreiben; viel eher empfehlen wir allerdings, dass Sie sich ein Lösungsbild erschaffen. Sie können sich beispielsweise in Ihrer Fantasie in die Zukunft begeben. Sie stellen sich vor, Sie haben den Weg aus dem Jammertal schon geschafft, und beschreiben diesen Weg. Das könnte ungefähr so aussehen: „Damals war ich wirklich ziemlich fertig, aber ich habe es geschafft. Ich habe … Und heute bin ich wieder voll Zuversicht, ich habe ein neues Projekt gestartet …"

Um dabei die Kreativität zu wecken und gut in Fluss zu kommen, empfehlen wir die Technik des *Freewriting*: Sie nehmen sich fünfzehn Minuten Zeit – am besten, Sie stellen sich einen Wecker – und schreiben und schreiben und schreiben. Sie schreiben nur für sich, deshalb brauchen Sie den Text gar nicht zu „zensurieren", er soll fließen. Wenn Ihnen zwischendrin nichts mehr einfällt, können Sie auch schreiben: „Und jetzt fällt mir gerade nichts mehr ein, dennoch schreibe ich weiter …" Durch das Schreiben können Sie sich von einem Thema, einem Problem distanzieren, es in Worte zu fassen kann Auswege eröffnen. Vielleicht behalten Sie diese Form sogar bei, wenn es Ihnen auch wieder bessergeht; es ist eine tolle Technik, nicht nur, um sich in der Selbstreflexion zu üben, sondern auch, um die Kreativität zu schulen.

Apropos Kreativität. Also wenn ich schlecht drauf bin, dann male ich.
Stimmt. Jede Form der Kunst kann aus dem Jammertal helfen: Musik,
    Bildhauern, Zeichnen …

Armer schwarzer Kater

Das Jammertal im Team

Trost hilft

Viele Menschen haben die Tendenz, etwas Ärgerliches, Trauriges, Schmerzvolles und Belastendes immer wieder zu erzählen: „Stell dir vor, was mir heute passiert ist! Das kannst du dir ja gar nicht vorstellen! Also ich habe …" Und schon geht es los. Ein Kummer wird also wieder und wieder erzählt. Das mag ja durchaus entlastende Wirkung haben, nach dem Motto „Geteiltes Leid ist halbes Leid".

Heile, heile Segen – warum das Zauberbussi tatsächlich hilft

Im Jammertal sehnen wir uns nach einer tröstenden Umarmung, einem aufbauenden Gespräch oder einem verständnisvollen Blick. Zu Recht, meint die Hormonforscherin Kerstin Moberg. In ihrem Buch „Oxytocin, das Hormon der Nähe" (siehe auch „Nackte Tatsache: Gemeinsam entspannt es sich noch besser als allein", S. 160) beschreibt die schwedische Wissenschaftlerin die positiven Effekte zwischenmenschlicher Interaktion (Streit et al. 2016):

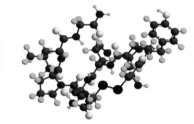

3D-Rendering der Molekülstruktur von Oxytocin, dem Hormon von Nähe und Bindung.

▶ Oxytocin verstärkt die Wirkung von Serotonin und Dopamin und kann so Stimmung und Antrieb heben.
▶ Oxytocin dämpft die Amygdala und reduziert damit die Angstreaktion.
▶ Oxytocin lindert Schmerzen, fördert die Wirkung der Endorphine und hilft so, körperliche und seelische Schmerzen zu mildern.

Teambuilding dank Oxytocin

Das Hormon der Nähe und Bindung ist das Oxytocin. Seine Ausschüttung bei der Geburt und beim Stillen intensiviert die Mutter-Kind-Bindung und der Oxytocin-Anstieg beim Orgasmus verstärkt die Bindung zwischen Liebenden.

Oxytocin und Zusammenhalt

Sie brauchen kein Kind auf die Welt zu bringen oder zu stillen, um Oxytocin zu produzieren. Jede Form der positiven zwischenmenschlichen Beziehung vermag die Oxytocin-Ausschüttung anzuregen und so die Bindung zu verstärken. Eine Fußballmannschaft, die sich im Jubel umarmt, steigert den Teamgeist, >>>

Jugendliche, die sich mit Handschlagritualen begrüßen, besiegeln so ihre Freundschaft, und selbst ein förmlicher Händedruck stärkt den Zusammenhalt.

„Die beruhigenden und verbindenden Effekte müssen nicht unbedingt über körperliche Nähe vermittelt werden. Sehen und hören leisten das Gleiche", betont die Hormonforscherin Kerstin Moberg (Streit et al. 2016). Auch ein anerkennender Blick und aufmunternde Worte können die Oxytocin-Produktion anregen und das Team zusammenwachsen lassen.

Oxytocin steigert die soziale Kompetenz

Erhalten Versuchspersonen Oxytocin über einen Nasenspray verabreicht, erhöht sich die Aktivität in Hirnarealen, die mit sozialer Interaktion assoziiert sind (Streit et al. 2016). Oxytocin steigert den Wunsch zur sozialen Interaktion, nimmt soziale Ängste, steigert zwischenmenschliche Kompetenzen, indem es beispielsweise das Erkennen und die Erinnerung an andere verbessert, und hilft, den Gemütszustand anderer zu erkennen.

Schlagwörter: Bindung, Oxytocin, Schmerzen, Team

Wenn Sie von Ihrem Problem erzählen und Ihr Gegenüber adäquat reagiert, finden Sie sogar Trost, stoßen auf Verständnis, erfahren möglicherweise auch, dass nicht nur Sie mit dieser Schwierigkeit konfrontiert sind. Das kann durchaus ein verbindendes Element werden.

So kann der Kummer wenigstens den Nutzen haben, dass die soziale Interaktion verbessert wird. Zumindest kurzfristig. Vielleicht haben Sie sogar das Glück, dass Sie gemeinsam eine Lösung für das Thema finden, oder Sie haben durch die Reflexion eine neue Herangehensweise, falls Ihnen Ähnliches wieder passiert – Sie haben aus der Vergangenheit gelernt. Aber zu viel jammern kann sich verselbständigen.

Jammern vermehrt Jammern

Wenn Sie sehr oft in Jammerstimmung sind, so ist Ihr Gehirn darin trainiert, und umso öfter verfallen Sie in ein Stimmungstief. Es wurde zu einer Gewohnheit. Das ist wohl nicht das Ziel. Außerdem ist eine erzählte Problemgeschichte sehr oft der Startschuss für eine Kummer-Challenge: Wem geht es schlechter? Das Gegenüber erwidert: „Na, bei mir ist es noch schlimmer", und schon ist man mittendrin im Wettbewerb „Wer ist der Ärmste?". Das geht oft rascher, als man

denkt (also zumindest in Wien). Wem geht es schlechter? Wer hat die schlimmsten Erfahrungen gemacht? The Winner is …? Und, verrückt, aber wahr: Der
Ärmste ist der Sieger!

Jammern wird belohnt

Ja, es ist tatsächlich so. Im unternehmerischen Kontext ist immer wieder zu beobachten, dass es sich durchaus bezahlt macht, zu jammern: Wem es schlecht
geht, der wird geschont. Das ist ja prinzipiell gut so! Aber diese Dynamik kann
sich verselbständigen, es kann zu einem Spiel werden. Der Kummer kann –
durchaus auch unbewusst – ein machtvolles Instrument werden. Die, die gut
drauf sind, „funktionieren" ja sowieso, die brauchen keine Unterstützung, keine
Aufmerksamkeit und schon gar keine Schonung, die bekommen noch ein paar
Überstunden aufgehalst. Darin liegt die Gefahr: In einem System, das Jammern
belohnt, wird rasch gelernt, dass sich das Jammern auszahlt und einem das Leben leichter macht. Allerdings ist es jammervoll.

In manchen Systemen ist dieses Spiel ein unbewusstes, häufig gespieltes, eines, das automatisch unangenehme Emotionen und Leid vermehrt. Schade.

So wird plötzlich aus „Geteiltes Leid ist halbes Leid" ein „Geteiltes Leid ist ver-
mehrtes Leid", und die Negativspirale ist kaum mehr zu stoppen.

Auch im Privaten gilt: Es wäre oft hilfreicher, dem Partner, wenn er nach Hause
kommt, zu erzählen, was gelungen ist und was schön war an diesem Tag, anstatt alles Unangenehme und Schwierige auszupacken und damit auch das Gegenüber anzustecken.

Passiv-Jammern

Mit negativer Stimmung ist es wie mit dem Passiv-Rauchen. Wenn Sie einen
Raucher in Ihrem Zimmer haben, so wird dadurch nicht nur die Lunge des Rau-
chers geschädigt, sondern auch Ihre. Wenn Sie einen Dauer-Jammerer in Ihrer
Umgebung haben, dann wird auch Ihre Seele „zugequalmt" und Sie werden un-
gewollt und ungefragt zum Passiv-Jammerer. So, wie es ganz selbstverständlich schon sehr viele Nicht-Raucher-Zonen gibt, sollte es auch Nicht-Jammer-
Zonen geben. Zwecks der Seelenhygiene.

Mein Jammertal

Stellen Sie sich vor, es ist Sonntag, Sie wachen auf, haben zu nichts Lust und Selbstmitleid kommt auf.

Was können Sie tun, um nicht ins Jammertal zu fallen?

Kognitive Strategien

- ☐ Achten Sie auf Ihre Worte (S. 120)
- ☐ Fake it, until it's real (S. 121)
- ☐ James Bond's Diary oder das Tagebuch der Königin (S. 123)
- ☐ Fokus verschieben (S. 124)
- ☐ Merci! (S. 125)
- ☐ Vorfreude – Das wird schön! (S. 126)

Körperliche Strategien

- ☐ Haltung – weit werden (S. 128)
- ☐ Kind sein (S. 128)

Behavioristische Strategien

- ☐ Bewegung (S. 129)
- ☐ Purzelbaum mit Schlagobers (S. 131)
- ☐ Das wollte ich immer schon mal machen (S. 133)
- ☐ Babyschritte (S. 135)
- ☐ Schreiben Sie es sich von der Seele (S. 136)

Avery DH, Eder DN, Bolte MA, et al (2001) Dawn simulation and bright light in the treatment of SAD: a controlled study. Biol Psychiatry 50:205–216. doi: 10.1016/S0006-3223(01)01200-8

Baines S, Powers J, Brown WJ (2007) How does the health and well-being of young Australian vegetarian and semi-vegetarian women compare with non-vegetarians? Public Health Nutr 10:436–442. doi: 10.1017/S1368980007217938

Benton D (1999) Chocolate craving: biological or psychological phenomenon.

Benton D, Donohoe RT (1999) The effects of nutrients on mood. Public Health Nutr 2:403–409. doi: 10.1017/S1368980099000555

Berk M, Sanders KM, Pasco JA, et al (2007) Vitamin D deficiency may play a role in depression. Med Hypotheses 69:1316–1319. doi: 10.1016/j.mehy.2007.04.001

BMGF (2009) die österreichische Ernährungspyramide. In: Österr. Ernährungspyramide. http://www.bmgf.gv.at/home/Presse/Presseunterlagen/Kampagnen/2009_2013/Die_oesterreichische_ernaehrungspyramide. Accessed 12 Dec 2016

Boecker H, Sprenger T, Spilker ME, et al (2008) The Runner's High: Opioidergic Mechanisms in the Human Brain. Cereb Cortex 18:2523–2531. doi: 10.1093/cercor/bhn013

Coppen A, Bolander-Gouaille C (2005) Treatment of depression: time to consider folic acid and vitamin B12. J Psychopharmacol (Oxf) 19:59–65. doi: 10.1177/0269881105048899

Dallaspezia S, Suzuki M, Benedetti F (2015) Chronobiological Therapy for Mood Disorders. Curr Psychiatry Rep 17:95. doi: 10.1007/s11920-015-0633-6

Davey GK, Spencer EA, Appleby PN, et al (2003) EPIC-Oxford: lifestyle characteristics and nutrient intakes in a cohort of 33 883 meat-eaters and 31 546 non meat-eaters in the UK. Public Health Nutr 6:259–269. doi: 10.1079/PHN2002430

Davidson R, Begley S (2016) Warum regst du dich so auf?: Wie die Gehirnstruktur unsere Emotionen bestimmt. Goldmann Verlag, München

Deijen JB, Heemstra ML, Orlebeke JF (1989) Dietary effects on mood and performance. J Psychiatr Res 23:275–283.

Ehlert U, Känel R von (2010) Psychoendokrinologie und Psychoimmunologie, 2011th edn. Springer, Berlin; Heidelberg

Eisenberger NI, Lieberman MD (2005) Why it hurts to be left out: The neurocognitive overlap between physical and social pain. Soc Outcast Ostracism Soc Exclusion Rejection Bullying 109–30.

Emmons RA, McCullough ME (2003) Counting blessings versus burdens: an experimental investigation of gratitude and subjective well-being in daily life. J Pers Soc Psychol 84:377–389.

Haddad EH, Berk LS, Kettering JD, et al (1999) Dietary intake and biochemical, hematologic, and immune status of vegans compared with nonvegetarians. Am J Clin Nutr 70:586S–593S.

Hegerl U, Hensch T (2014) The vigilance regulation model of affective disorders and ADHD. Neurosci Biobehav Rev 44:45–57. doi: 10.1016/j.neubiorev.2012.10.008

Henriques JB, Davidson RJ (2000) Decreased responsiveness to reward in depression. Cogn Emot 14:711–724.

Kalbitzer J, Kalbitzer U, Knudsen GM, et al (2013) How the cerebral serotonin homeostasis predicts environmental changes: a model to explain seasonal changes of brain 5-HTT as intermediate phenotype of the 5-HTTLPR. Psychopharmacology (Berl) 230:333–343. doi: 10.1007/s00213-013-3308-1

Keith RE, O'Keeffe KA, Blessing DL, Wilson GD (1991) Alterations in dietary carbohydrate, protein, and fat intake and mood state in trained female cyclists. Med Sci Sports Exerc 23:212–216.

Kesby JP, Cui X, Ko P, et al (2009) Developmental vitamin D deficiency alters dopamine turnover in neonatal rat forebrain. Neurosci Lett 461:155–158. doi: 10.1016/j.neulet.2009.05.070

Lieberman HR, Caballero B, Finer N (1986) The composition of lunch determines afternoon plasma tryptophan ratios in humans. J Neural Transm 65:211–217.

Lupien SJ, Fiocco A, Wan N, et al (2005) Stress hormones and human memory function across the lifespan. Psychoneuroendocrinology 30:225–242. doi: 10.1016/j.psyneuen.2004.08.003

McEwen BS (2006) Sleep deprivation as a neurobiologic and physiologic stressor: allostasis and allostatic load. Metabolism 55, Supplement 2:S20–S23. doi: 10.1016/j.metabol.2006.07.008

Michalak J, Zhang XC, Jacobi F (2012) Vegetarian diet and mental disorders: results from a representative community survey. Int J Behav Nutr Phys Act 9:67. doi: 10.1186/1479-5868-9-67

O'Connor M-F, Wellisch DK, Stanton AL, et al (2008) Craving love? Enduring grief activates brain's reward center. Neuroimage 42:969–972.

Patrick RP, Ames BN (2014) Vitamin D hormone regulates serotonin synthesis. Part 1: relevance for autism. FASEB J Off Publ Fed Am Soc Exp Biol 28:2398–2413. doi: 10.1096/fj.13-246546

Pawlak R, Parrott SJ, Raj S, et al (2013) How prevalent is vitamin B(12) deficiency among vegetarians? Nutr Rev 71:110–117. doi: 10.1111/nure.12001

Ranjbar E, Memari AH, Hafizi S, et al (2015) Depression and Exercise: A Clinical Review and Management Guideline. Asian J Sports Med. doi: 10.5812/asjsm.6(2)2015.24055

Reynolds E (2006) Vitamin B12, folic acid, and the nervous system. Lancet Neurol 5:949–960. doi: 10.1016/S1474-4422(06)70598-1

Rosenbaum S, Tiedemann A, Sherrington C, et al (2014) Physical Activity Interventions for People With Mental Illness: A Systematic Review and Meta-Analysis. J Clin Psychiatry 75:964–974. doi: 10.4088/JCP.13r08765

Saletu B, Altmann S (2015) Faszination Schlaf Schäfchen zählen war gestern, Maudrich, Wien

Schaffer CE, Davidson RJ, Saron C (1983) Frontal and parietal electroencephalogram asymmetry in depressed and nondepressed subjects. Biol Psychiatry 18:753–762.

Smolka H-M, Abraham S, Kronowetter B (2016) Bertl und Adele suchen das Glück und treffen Herrn Grant, Hanreich

Steffen, Th (2014) Vegetarische und vegane Ernährung – potenzielle Risiken. Schweiz Z Für Ernährungsmedizin 20–25.

Streit U, Jansen F, Moberg KU (2016) Oxytocin, das Hormon der Nähe: Gesundheit – Wohlbefinden – Beziehung. Springer Spektrum

Voss MW, Nagamatsu LS, Liu-Ambrose T, Kramer AF (2011) Exercise, brain, and cognition across the life span. J Appl Physiol Bethesda Md 1985 111:1505–1513. doi: 10.1152/japplphysiol.00210.2011

Waldmann A, Koschizke JW, Leitzmann C, Hahn A (2004) Dietary iron intake and iron status of German female vegans: results of the German vegan study. Ann Nutr Metab 48:103–108. doi: 10.1159/000077045

Wirz-Justice A, Van den Hoofdakker RH (1999) Sleep deprivation in depression: what do we know, where do we go? Biol Psychiatry 46:445–453.

Wood B, Rea MS, Plitnick B, Figueiro MG (2013) Light level and duration of exposure determine the impact of self-luminous tablets on melatonin suppression. Appl Ergon 44:237–240. doi: 10.1016/j.apergo.2012.07.008

Wurtman RJ, Wurtman JJ (1995) Brain Serotonin, Carbohydrate-Craving, Obesity and Depression. Obes Res 3:477S–480S. doi: 10.1002/j.1550-8528.1995.tb00215.x

7. Die Muße

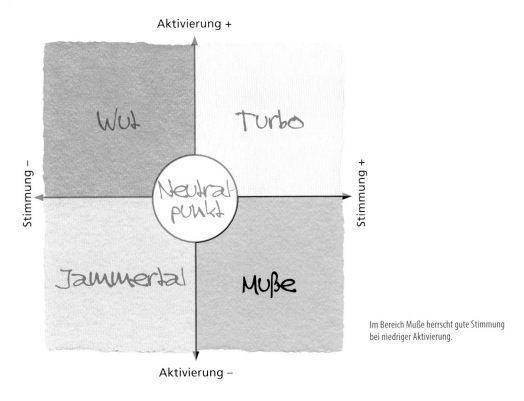

Im Bereich Muße herrscht gute Stimmung bei niedriger Aktivierung.

Ah, die Muße – wir lieben sie! In diesem Bereich sind Sie, wenn Sie entspannt sind, wenn Sie es sich gut gehen lassen, wenn Sie genießen, wenn es Ihnen gelingt, auch ganz einfach einmal nichts zu tun. Besonders dann, wenn Ihr Turbo-Wert ein sehr hoher ist, ist es ratsam, dass Sie die Muße des Öfteren in Ihr Leben einladen. Dazu erfahren Sie mehr ab Seite 150.

Vorerst aber möchten wir uns jedoch dem Fall widmen, dass der Muße-Wert zu hoch ist. Dann brauchen Sie möglicherweise eine Portion Motivation, um hin und wieder auch aus der Hängematte herauszukommen.

Gefahr: zu viel Muße?!

Auf den ersten Blick scheint die Muße nur Vorteile in sich zu haben. Dieser Zustand ist auch das große Ziel der fernöstlichen Glücksphilosophie: ganz im Hier und Jetzt sein, gewahr des gegenwärtigen Augenblicks. In unserer Gesellschaft ist dies wohl für die allermeisten Menschen auf Dauer nicht erfüllend. Selbst wenn es die wirtschaftlichen Umstände erlauben sollten: Jeden Tag nur von der Hängematte zur Hollywoodschaukel, von der Massage zur Pilates-Stunde birgt die Gefahr des Leeregefühls in sich. Es braucht auch den Antrieb, das Zieleerreichen, das Schaffen, das sinnvolle Tun, um die Lebenszufriedenheit zu nähren. Es braucht immer wieder das Wechselspiel: anspannen – entspannen, tun – nicht tun, Turbo – Muße. Es ist stark persönlichkeitsabhängig, wie sehr das Zieleerreichen auf das Lebensglück wirkt, und es gibt unterschiedlichste Lebensentwürfe, wie dem Leben Sinn gegeben werden kann. Dafür gibt es unzählige Möglichkeiten: die Karriere, die Familie, soziales Engagement, ein spiritueller Weg oder etwas ganz anderes.

Dauer-Muße kann jedenfalls auch sehr belastend sein: Wenn das Genussstreben zu hoch ist, wirkt es wie eine Bremse auf dem Weg zur Zielerreichung.

Genuss ist nicht unbedingt zielorientiert. Muße findet im Hier und Jetzt statt – wer besonders gut darin ist, den Moment zu genießen, kann sich manchmal schwer aufraffen, Zukunftspläne zu verfolgen, gerade wenn für das Erreichen des begehrten Ziels auch unangenehme Aufgaben bewältigt werden müssen. Beruflicher Erfolg braucht auch den Turbo, die Aktivität. Deshalb widmen wir uns nun den Strategien, die Ihnen im Bedarfsfall helfen, in Schwung zu kommen und zielorientierter zu werden.

▲ Nackte TATSACHE: Ist zu viel Optimismus schlecht für die Karriere?

Positiv denken? Gewusst wie, meint Gabriele Oettingen (Oettingen und Mayer 2002). Die Psychologin beschäftigt sich mit der Macht unserer Gedanken und betont, dass positives Denken Vor-, aber auch Nachteile hat. Ihrer Meinung nach macht es einen Unterschied, ob unsere Zukunftsvisionen realistische Vorstellungen oder pure Fantasiegebilde sind.

Wer hohe, aber realistische Erwartungen an seine Zukunft hat, hat den Ansporn, diese Ziele zu erreichen. Wer die Zukunft immer rosarot sieht, übersieht möglicherweise Warnsignale oder vergisst, aus Erwartungswerten zu lernen. Diese These hat Gabriele Oettingen in verschiedensten Szenarien bestätigt: Jobsuche, Gesundheit, ja sogar die Chance auf eine Beziehung können von der rosaroten Brille sogar beeinträchtigt werden.

Anfang der 90er-Jahre etwa wurden 25 übergewichtige Personen während eines einjährigen Gewichtsreduktions-Programms begleitet (Oettingen und Wadden 1991). Noch vor Programmstart wurden die Versuchspersonen zu ihren Erwartungen befragt. Die Teilnehmer gaben ihr Zielgewicht an und >>>

notierten ihre Einschätzung bezüglich der Erreichbarkeit dieses Ziels. Parallel dazu wurden Fantasien zu zukünftigen Ess- und Gewichtssituationen festgehalten. Das Ergebnis zeigte klar: Hohe Erwartungen machen sich bezahlt. Wer sich die Latte zur Gewichtsreduktion hoch gelegt hatte, nahm in diesem Jahr durchschnittlich zwölf Kilo mehr ab als weniger ambitionierte Versuchspersonen. Die Analyse der Fantasieszenarien jedoch zeigte ein differenzierteres Bild: Wer besonders positive Zukunftsfantasien hatte, nahm sogar weniger ab als Personen mit realitätsnäheren Vorstellungsbildern, das heißt, Optimismus ist dann schlecht, wenn er übertrieben und realitätsfern ist. „Die Versuchspersonen haben anscheinend erträumt, dass der Gewichtsverlust ohne jegliche Anstrengung aufgetreten ist", konkludiert die Versuchsleiterin (Oettingen und Mayer 2002).

Wer seine Zukunft nur rosarot sieht, denkt, er sei schon am Ziel, und lehnt sich entspannt zurück, statt die Hemdsärmel hochzukrempeln.

Schlagwörter: kognitive Strategien, Optimismus

Ich kann das!

Kognitive Strategien

Die Vergangenheit als Motivationsquelle: Erfolgserlebnisse

Im Turbo-Kapitel haben Sie das Motivationssystem in unserem Gehirn kennengelernt (siehe „Nackte Tatsache: Dopamin, Workaholics und das verliebte Gehirn", S. 59). Dieses System sorgt nicht nur dafür, dass wir uns über ein Stück Schokolade oder über eine Gehaltserhöhung freuen, sondern ermöglicht uns auch, Freude an der Bewältigung einer Aufgabe zu haben.

Ihr Dopamin-System ist lernfähig

Das Dopamin-System in Ihrem Gehirn reagiert immer, wenn uns etwas guttut: Dopamin wird ausgeschüttet, wenn uns jemand anerkennend auf die Schulter klopft, wenn wir Geld auf der Straße finden oder wenn wir das letzte Puzzlestück in ein schwieriges Puzzle einfügen. Diesen kleinen Verstärkern geht jedoch zumeist etwas voraus, eine Tätigkeit, eine Aktion unsererseits.

Und das Motivationssystem lernt.

Nach einigen Durchgängen wird es bereits durch die ursprüngliche Tätigkeit aktiviert: Wir haben Spaß daran. Beim Puzzlespielen freut uns nicht nur die Fertigstellung des Bildes, sondern auch schon das vorangehende Suchen und Finden der passenden Teile. >>>

TATSACHE

Genau diesen Effekt hat Wolfram Schultz von der Universität Freiburg bei Affen untersucht, indem er die Aktivität einzelner Nervenzellen im Dopamin-System in verschiedenen Situationen beobachtete (Mirenowicz und Schultz 1994). Die Zellen im Motivationssystem zeigen beispielsweise ein Signal, wenn ein Affe einen Schluck Apfelsaft erhält. Geht dem Apfelsaft jedoch ein anderer Reiz voraus, etwa ein Ton, dann führt nach einigen Durchgängen bereits der Ton zu einer Aktivierung des Dopamin-Systems (Mirenowicz und Schultz 1994).

Erfolg motiviert

Sie erinnert dieses Experiment sicherlich an die klassische Konditionierung nach Pawlow. Und wenn es um Emotionen geht, dann funktionieren Lernvorgänge in unserem Gehirn tatsächlich nach diesem einfachen Prinzip, und Tätigkeiten werden mit positiven Erlebnissen assoziiert.

In unserem Motivationssystem agieren Erfolgserlebnisse als Verstärker, Misserfolge hingegen führen zu Demotivation. Wir machen gerne, was wir gut können.

Schlagwörter: Dopamin, Konditionierung, Lernen, Motivation

Je größer die Herausforderung, desto größer das anschließende Erfolgsgefühl. Das hat sich auch in den Studien von Wolfram Schultz gezeigt: Die stärkste Dopamin-Ausschüttung erfolgt bei unerwarteten Erfolgserlebnissen (Schultz 1998). Gerade wenn ich mir also denke, „Das schaffe ich nie!", ist die neuronale Reaktion besonders groß, wenn ich die Herausforderung trotzdem annehme und dann bewältige!

Die Zukunft als Zugpferd der Motivation: Ziele

In klassischen Motivationsseminaren werden Sie hören, dass Ziele für unsere Motivation wichtig sind. Jedes erreichte Ziel ist auch wieder ein Erfolgserlebnis und damit die Basis für weitere Motivation. Möglicherweise haben Sie auch schon ein konkretes Ziel vor Augen: eine bestimmte Beförderung, eine erfolgreiche Präsentation oder einen gewinnbringenden Geschäftsabschluss ... In vielen Fällen sind unsere Ziele sehr groß und weit weg. Es dauert lange, bis wir zu unserem ersehnten Erfolgserlebnis kommen. Wenn es uns gelingt, zwischendurch kleine Erfolgserlebnisse zu kreieren, können wir unsere Motivation aufrechterhalten.

Setzen Sie sich Ziele und Teilziele

Überlegen Sie sich nicht nur, was Sie langfristig erreichen wollen, sondern auch, wie Sie vorhaben, Ihre Ziele zu verwirklichen. Setzen Sie sich Zwischenziele. Welche Teilschritte sind notwendig, um Ihr Ziel zu erreichen? So entsteht nicht nur ein Plan – Sie schaffen die Basis für zahlreiche kleine Erfolgserlebnisse, die Ihre Motivation beflügeln.

Machen Sie erreichte Ziele und Erfolge sichtbar

Was ist das Schönste an einer To-do-Liste? Richtig, das Abhaken! Denn so wird sichtbar, was wir geschafft haben. Halten Sie Ihre Teilziele schriftlich fest und machen Sie jedes Erfolgserlebnis sichtbar, indem Sie die einzelnen Punkte markieren, abhaken, durchstreichen.

Jetzt fange ich an!

Behavioristische Strategien

Die Gefahr lauert in der Gegenwart und heißt Motivationskonflikt oder auch „innerer Schweinehund". Stellen Sie sich vor, Sie haben in einer Seminarpause die Wahl zwischen einem Stück Kuchen und einem Stück Obst. Obwohl Sie wissen, dass das Obst Ihren Blutzuckerspiegel langfristig konstanter hält und Ihnen so kontinuierlich Energie verschafft, greifen Sie möglicherweise zum Kuchen, verführt vom schnellen – wenn auch kurzen – Zucker- und Energieschub.

Dieses Beispiel illustriert, wie schnell ein langfristiges Ziel von einer kurzfristigen Befriedigung verdrängt werden kann. Der innere Schweinehund hat zugeschlagen.

Es muss also gar nicht sein, dass eine Tätigkeit uns nicht motiviert – das Problem entsteht vielmehr dadurch, dass andere Aufgaben momentan lustvoller erscheinen. Diese Motivationskonflikte halten uns häufig von unseren wirklich wichtigen Zielen ab.

Laden Sie Ihren inneren Schweinehund nicht ein!

Wenn Sie versuchen abzunehmen, werden Sie wahrscheinlich keine Schokolade-Berge auf Ihrem Schreibtisch platzieren. Genauso tragen wir keine Zigaretten mit uns herum, wenn wir versuchen, mit dem Rauchen aufzuhören. Motivationskonflikte erschweren uns im Berufsleben das Dranbleiben. Arbeitszeit und

Freizeit verschwimmen und dadurch wird die Arbeitszeit weniger produktiv, die Freizeit aber auch weniger erholsam. Wir können Motivationskonflikte vermeiden, indem wir Arbeit und Freizeit wieder besser trennen.

Zeiten schaffen für produktive Phasen

Es gilt, kurz und effizient Aufgaben zu erledigen statt stundenlang halbkonzentriert und abgelenkt an einem Projekt zu arbeiten: Schaffen Sie Zeiträume, die einzig und allein der Bewältigung aktueller Herausforderungen dienen. Während dieser produktiven Arbeitsphasen werden dann keine nebensächlichen E-Mails beantwortet, und auch soziale Netzwerke oder Anrufer müssen kurz warten. Diese produktiven Phasen können Sie entweder als regelmäßigen Fixpunkt in Ihren Alltag einbauen oder flexibel in einem Zeitplan verteilen.

Raum schaffen für Produktivität

Sie können Arbeit und Freizeit auch räumlich trennen. Wo ist Ihr Ort für Produktivität? Gibt es einen Arbeitsplatz, an dem Sie ungestört arbeiten können und der keine Motivationskonflikte auslöst?

Ein Ritual zum Starten

Das Schwierigste an den meisten Projekten ist der Start! Wenn wir einmal in Gang sind, dann läuft es. Um in Schwung zu kommen, können Rituale helfen, genau wie Abendrituale das Einschlafen erleichtern. Als Einstiegsritual eignen sich Musik, Bewegungsabläufe oder ganz normale Alltagstätigkeiten. Wichtig ist nur, dass sie eine Regelmäßigkeit bekommen. Das heißt, immer bevor Sie zu schreiben beginnen, hören Sie ein bestimmtes Musikstück oder machen Sie eine Gymnastikübung, und so entsteht Ihr Einstiegsritual. Sie werden merken, wie die Macht der Gewohnheit wirkt, und sich bereits beim Hören der ersten Klänge Ihrer Einstiegsmusik auf Ihr Projekt einstellen.

Ich komme in Bewegung!

Körperliche Strategien

In diesem Abschnitt wird bei den körperlichen Strategien ausnahmsweise einmal nicht geatmet ☺. Doch auch wenn es um Motivation geht, können körperliche Strategien helfen. Unsere Körperhaltung beeinflusst, wie produktiv wir sind.

TATSACHE

Haltung zeigen

Sie wissen bereits über die Wechselwirkungen zwischen Körper und Psyche Bescheid (siehe „Nackte Tatsache: Lächle und sei froh?!", S. 30). Studien zeigen, dass nicht nur die Mimik, sondern auch unsere Körperhaltung unsere Verfassung beeinflusst.

So widmen sich Versuchspersonen beispielsweise einer ungeliebten Aufgabe länger, wenn sie eine aufrechte Körperhaltung einnehmen, als wenn sie gebückt vor der Arbeit sitzen (Riskind und Gotay 1982).

Schlagwörter: Bodyfeedback, Körperhaltung, körperliche Strategien

Den Kopf nicht hängen lassen

Es macht einen Unterschied, ob wir vor dem Bildschirm hängen und den Kopf auf die Hände stützen oder ob wir uns mit aufrechter Körperhaltung und wachem Blick einer Aufgabe widmen. Gerade vor dem Computer nehmen wir häufig eine gebückte Körperhaltung ein. Richten Sie sich darum immer wieder bewusst auf.

Kirschen pflücken

Durch langes Sitzen bei gleich bleibender Tätigkeit besteht die Gefahr, dass wir nach und nach versacken. Der Energielevel sinkt langsam, und synchron dazu wird die Körperhaltung immer schlechter. Sie können nun über den Körper wieder für mehr Energie und Aktivierung sorgen. Stehen Sie auf und strecken Sie sich maximal, so als ob Sie Kirschen pflücken wollten, die sehr hoch hängen. Mal mit der linken Hand, dann mit der rechten Hand versuchen Sie eine Kirsche zu erwischen. Sie können sich dabei auch auf die Zehen stellen. Und: Die Kirschen hängen echt hoch!

Wenn Sie sich danach wieder setzen, hat Ihr Körper schon die Idee von einer gestreckten Haltung in sich. Richten Sie im Sitzen Ihre Wirbelsäule auf, als wäre an Ihrem Scheitelpunkt ein Faden fixiert, der Sie in die Höhe zieht. Gleichzeitig können Sie ein paarmal mit den Schultern kreisen, um auch dort einen Impuls zu setzen, und kommen dann wieder zur Ruhe; allerdings sollten die Schultern nun leicht zusammengezogen sein, sodass Sie in einer etwas übertrieben aufrechten Haltung dasitzen, mit geschwellter Brust. Zwei, drei tiefe Atemzüge, und schon sieht die Welt wieder ein bisschen anders aus und der Körper hat wieder für Energie im System gesorgt.

Mehr Muße

In diesem Abschnitt sind Sie richtig, wenn Ihr Muße-Wert zu gering ist. Die Muße zeigt sich, wenn Sie in positiver Stimmung sind, allerdings mit einem niedrigen Energielevel. Dazu gehört das Entspannen, das genussvolle Nichtstun, das Zur-Ruhe-Kommen. Und genau dieser Bereich wird in unserer Gesellschaft, in der Leistung und Erfolg einen hohen Stellenwert haben, sehr oft vernachlässigt. Das Entspannen wird in den Urlaub verschoben, da wird dann teures Geld für das Luxus-Wellnesshotel ausgegeben, um endlich zur Ruhe zu kommen, und nicht umsonst sind auch Aufenthalte in kargen Klöstern, in Schweige-Retreats, stark im Trend.

Die Muße kommt bei vielen Menschen zu kurz. Dabei ist sie ein wichtiger Baustein des Glücks. Oft wird das Glück im Turbo gesucht. Dort ist es auch anzutreffen, aber nur in Kombination mit der Muße ist es nachhaltig – und es ist unzweifelhaft sinnvoll, sich mit dem eigenen Glücklichsein zu befassen. Ein glücklicheres Leben bedeutet in der Regel auch ein gesünderes Leben.

Nackte TATSACHE

Don't be sick, be happy

Husten, Schnupfen, Heiserkeit? Nicht, wenn wir gut drauf sind! In einer Studie mit 334 Teilnehmerinnen und Teilnehmern zwischen 18 und 54 Jahren hat sich gezeigt: Positive Emotionen schützen uns vor Erkältungen. Alle Versuchspersonen wurden mittels Nasentropfen mit dem Verursacher des Schnupfens, dem Rhinovirus, in Kontakt gebracht. Doch während das Virus bei manchen Versuchspersonen zu Schnupfen und anderen Erkältungszeichen führte, blieben andere gesund. Es zeigte sich: Wer in der vorangehenden Befragung eine Tendenz zu positiven Emotionen gezeigt hatte, hatte eine dreimal geringere Erkältungsneigung als die weniger gut gelaunten Versuchspersonen (Cohen et al. 2003).

Gute Laune macht uns also gesünder, aber warum ist das so?

Unsere Stimmung beeinflusst unser Verhalten, und möglicherweise leben wir gesünder, wenn es uns gut geht. Wir schlafen ruhiger, ernähren uns vielleicht weniger impulsiv und haben potenziell mehr Lust auf Bewegung.

Doch unsere Stimmung wirkt sich auch auf physiologische Parameter aus. Wer zufrieden ist, hat einen niedrigeren Blutdruck und ruhigeren Puls.

Stress hingegen schwächt unser Immunsystem, primär durch den immunsuppressiven Effekt von Cortisol (siehe „Nackte Tatsache: Warum werden wir im Urlaub krank?", S. 96).

Schlagwörter: Cortisol, Psychoneuroimmunologie

Glückliche Menschen sind also tendenziell gesünder – das klingt logisch. Aber die gute Stimmung hat noch weitere Vorteile: Sie erleichtert auch das Lernen.

Gut drauf?

Der Botenstoff des Wohlbefindens ist das Serotonin (siehe auch „Nackte Tatsache: Das Gehirn im Jammertal", S. 115, und „Wie essen wir uns glücklich?", S. 132). Serotonin wirkt sich aber nicht nur auf unsere Stimmungslage aus, sondern ist auch ein wichtiger Transmitter in der neuronalen Kommunikation. Lernprozesse werden von Dopamin (siehe auch „Nackte Tatsache: Dopamin, Workaholics und das verliebte Gehirn", S. 59) und Serotonin gefördert und sogar das Wachstum von Nervenzellen wird durch Serotonin angeregt (Duman et al. 1997).

Da überrascht es nicht, dass Trauer die Denkleistung beeinträchtigt. Arbeitsgedächtnis und Denkvermögen sind eingeschränkt. Im Gegensatz dazu schneiden Versuchspersonen beispielsweise bei Kreativitätsaufgaben besser ab, wenn sie vorher durch lustige Filme oder kleine Geschenke in eine positive Stimmung gebracht wurden (Isen et al. 1987).

Schlagwörter: Lernen, Serotonin ▲

Nackte TATSACHE

Wenn also glückliche Menschen besser lernen und kreativer sind, dann wäre es hilfreich, wenn man in den Schulklassen bewusst für gute Laune sorgte. Besonders vor Prüfungen. Glücklichsein hat lebenslang durchaus erwünschte Nebenwirkungen.

Anti-Aging für das Gehirn

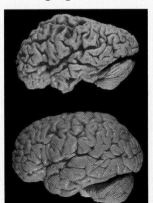

Unsere körperliche Gesundheit hängt von vielen Lifestyle-Faktoren ab: Wer sich nicht bewegt, kann davon ausgehen, dass seine Kondition abnimmt. Während dieser Einfluss des Lebensstils auf unseren Körper allgemein bekannt ist und hingenommen wird, wird die geistige Fitness häufig als viel weniger beeinflussbar angesehen. Doch auch die Gesundheit unseres Gehirns liegt – zumindest bis zu einem gewissen Grad – in unserer Hand.

Drei Säulen geistiger Fitness

Wir können Altersvergesslichkeit und auch Demenzerkrankungen vorbeugend entgegenwirken. Wie, das erfahren Sie in dem Buch „Geistig fit, ein Leben lang" von Katharina Turecek: „Auch wenn Alzheimer im Alter häufiger wird, ist es nicht ein Teil des normalen Alterungsprozesses. >>>

Diese Abbildung zeigt ein Gehirn mit Spätfolgen der Alzheimer-Krankheit. Zum Vergleich darunter ein gesundes Gehirn.

Nackte TATSACHE ▲▲▲

Alzheimer ist eine Krankheit und wie bei allen Krankheiten gibt es Risikofaktoren, die sich verhindern lassen." (Turecek 2012)

Die Gesundheit unseres Gehirns beruht auf drei Säulen:

Gehirn	Körper	Psyche
▶ **Use it or lose it – verwende es oder verliere es**	▶ **Ein gesunder Geist lebt in einem gesunden Körper**	▶ **Seelisches Wohlbefinden als Schlüsselfaktor für ein gesundes Gehirn**
▶ Aktivität sichert nicht nur körperliche, sondern auch geistige Fitness. Wer seine Nervennetze stärken möchte, muss sie auch nützen.	▶ Wer körperlich nicht fit ist, ist auch geistig nicht zu Höchstleistungen in der Lage (siehe auch „Nackte Tatsache: Dem Stress davonspazieren", S. 129).	▶ Stress, Depressionen und Einsamkeit sind Risikofaktoren für Demenzerkrankungen. Wer auf seine Stimmung achtet, erhöht seine Lebensqualität also nicht nur in dem einen Augenblick.

Geistig fit, ein Leben lang? Das gelingt demnach, wenn Gehirn, Körper und auch Psyche berücksichtigt werden. Bei einem Gehirnspaziergang werden darum Übungen für Gedächtnis, Wortfindung, Kreativität und auch Wohlbefinden mit einem Spaziergang kombiniert (Turecek 2015).

Schlagwörter: Altersvergesslichkeit, Demenz, Gehirntraining

Auf das Wie kommt es an

Sie können das Buch jetzt weiterlesen – auf einem harten Stuhl sitzend, vielleicht durstig, oder es ist zu kalt oder zu heiß. Möglicherweise lässt sich ja an diesen Umständen etwas zu Ihrem Wohle verändern: lüften, Heizung aufdrehen, eine bequeme Sitzposition finden, vielleicht ein Plätzchen mit schönem Ausblick. Wollen Sie dezente Musik im Hintergrund haben? Könnten Sie auch eine Parkbank in der Nähe aufsuchen, um weiterzulesen? (Na ja, wenn es das Wetter zulässt.) Sie wissen schon, was ich meine: Machen Sie es sich fein.

So kann es Ihnen mit wenig Aufwand immer wieder gelingen, dass Sie im Stimmungsraum in die Muße gelangen, weil Sie eine Tätigkeit plötzlich als angenehm empfinden. Basteln Sie an besseren Rahmenbedingungen bei Ihrem Tun. Da gibt es mitunter viel Verbesserungspotenzial.

Sie können also dieses Buch so lesen oder so: in ungemütlicher Haltung oder bequem im Lehnstuhl, gehetzt oder entspannt, schnell überfliegend oder interessiert auf sich wirken lassend.

||||||||||||||||||||||||||||||||||||||||||||||||||||||||||||||||||||||||||||||||||||||||||||||||||||||||||||||||||

Machen Sie es sich gemütlich

Also wir machen es uns jetzt erstmal gemütlich: ein schöner Tee, ein Stückchen dunkle Schokolade mit Sesam (Mmmh) und die schnurrende Katze auf dem Schoß – die passende Vorbereitung für das folgende Thema. Wollen Sie es sich nicht auch noch ein klein wenig gemütlicher machen? Warum nur ein klein wenig? Machen Sie es sich so richtig gemütlich – soweit dies Ihre Situation zulässt. Genau das ist der Punkt: Sehr oft können Sie selbst an den Bedingungen ansetzen, die Umstände verbessern, sodass eine Tätigkeit zum Genuss werden kann. Oder zumindest verbessert wird.

||||||||||||||||||||||||||||||||||||||||||||||||||||||||||||||||||||||||||||||||||||||||||||||||||||||||||||||||||

Es liegt an Ihnen! Sehr oft ist das so. Und so könnten Sie Ihren Tag einmal unter diesem Gesichtspunkt betrachten: Wo können Sie mit einfachen Mitteln an den Bedingungen etwas ändern, sodass die Tätigkeit genussvoller wird. Auch Arbeit darf Spaß machen und auch Arbeitszeit ist Lebenszeit. Verschieben Sie die Lebenslust nicht nur in Ihre Freizeit oder – noch schlimmer – in den Urlaub.

Es kann und darf auch im Alltag genussvolle Momente und Tätigkeiten geben, die Frage ist nur: Wie gelingen sie?

Genusstraining

Genuss und Spaß können nicht verordnet werden, sind nicht auf Knopfdruck herstellbar, aber Sie können Bedingungen schaffen, durch die die Wahrscheinlichkeit für Genuss immens ansteigt. Auch die Genussfähigkeit ist durchaus trainierbar. Die allerwichtigste Voraussetzung ist Ihre **Aufmerksamkeit**. Sie können einen Kaffee nur dann genießen, wenn Ihre Aufmerksamkeit beim Kaffee ist. Klingt banal, ist aber nicht selbstverständlich. Wie oft sind unsere Gedanken beim Kaffeetrinken woanders, schweifen ab! (Und dann ist die Tasse leer und wir haben das Gefühl, nichts davon gehabt zu haben.)

Wichtig ist, dass Sie mit der Aufmerksamkeit im Hier und Jetzt sind und die **Sinne wecken**. Im Alltagstrubel kapseln wir uns manchmal ein bisschen ab, damit nicht zu viele Eindrücke auf uns einprasseln. Es ist ja auch durchaus sinnvoll, dass nicht permanent all unsere Antennen ausgefahren sind, die Reizüberflutung wäre zu groß. Aber ein stumpfes Gar-nicht-mehr-Wahrnehmen ist eben nicht gerade förderlich für den Genuss.

Stargeiger in der U-Bahn

Stargeiger Joshua Bell machte bei einem eindrucksvollen Experiment der „Washington Post" mit: Er spielte in einer U-Bahn-Station ein sehr bekanntes Stück von Bach. Konzertbesucher stellen sich üblicherweise stundenlang an, um Karten für ein Konzert von ihm zu bekommen, und zahlen dafür auch einmal hundert Dollar. In der U-Bahn-Station jedoch fand sein virtuoses Spiel kaum Beachtung.

Gehetzt liefen die Passanten vorbei, lediglich ein paar Kinder hätten gerne zugehört, wurden aber weitergezerrt. Ein paar wenige Dollar, die ihm im Vorbeigehen hingeworfen wurden, waren das Salär (Weingarten 2014).

Schlagwort: Achtsamkeit

Das Experiment sollte aufzeigen, wie achtlos die meisten Menschen durch den Alltag rasen, wie viel Schönes oft einfach gar nicht wahrgenommen wird. Es braucht lediglich unsere Aufmerksamkeit, unser Gewahrsein, dann kann es stattfinden, das Genießen und das Wertschätzen. Auch wenn ich nicht beim Geiger stehen bleiben kann, kann ich der Musik im Weitergehen nachlauschen.

Zweite wichtige Zutat für den Genuss ist **Zeit**. Es braucht nicht viel Zeit, aber bewusste Zeit für den Augenblick. Genuss geht nicht nebenher.

Dritte Zutat: die **innere Erlaubnis** und Bereitschaft für Genuss. Wenn Ihr innerer Antreiber dauernd schreit: „Du solltest aber …", „Lass den Unfug, du musst jetzt arbeiten!", dann wird es schwierig mit der Muße. Der innere Antreiber wird für einmal freundlich, aber bestimmt zum Schweigen gebracht, er hat nach dem Genuss wieder seinen Auftritt, dann haben Sie auch wieder Energie getankt, um ihm zu genügen.

Darf es mir gut gehen?

Das kommt gar nicht so selten vor: Menschen glauben, es muss ihnen schlecht gehen, weil es doch (in vielem) so schlecht um die Welt bestellt ist. Stimmt. Es liegt vieles im Argen auf dieser Welt. Jedoch: Wird es besser, wenn es Ihnen schlecht geht? Warum darf es Ihnen nicht gut gehen? Da kommt oft die Antwort: Das ist egoistisch! Wenn meine Mama krank ist, dann kann ich nicht gut drauf sein.

Doch: Was hat meine Mama davon? Das heißt ja keineswegs, dass ich kein Mitgefühl habe.

Die Muße

Mitgefühl? Du meinst Mitleid?

Nein, das ist nicht das Gleiche.

Wie, da gibt es einen Unterschied?

Ja, wenn ich Mitgefühl mit einem anderen habe, muss es mir nicht schlecht gehen.

Mit-fühlen, nicht mit-leiden. Gelingt dir das?

Auch nicht immer. Aber ich übe.

Probieren Sie doch einmal aus, ob Sie es schaffen, diese Sätze zu sagen:

> Ich darf glücklich sein.

> Ich darf es mir gut gehen lassen.

> Wenn Ihnen diese Sätze leicht über die Lippen kommen: Perfekt!

> Wenn nicht, so stellen Sie sich bitte die Frage: Wer hat es Ihnen verboten? Das sind Sie selbst! Da ist es um Ihre Selbstfürsorge nicht so gut bestellt. Sie sind der wichtigste Mensch in Ihrem Leben. Und: Egoismus ist kein Schimpfwort. Egoismus wird nur zum Problem, wenn er übertrieben wird.

„Wäre schön, wenn Sie sich nach und nach immer mehr Wohltuendes erlauben könnten." Den letzten Satz möchte ich gerne umformulieren:

„Wird schön, wenn Sie sich nach und nach immer mehr Wohltuendes erlauben werden."

Eine noch bessere Variante:

> „Es ist schön, dass Sie sich nach und nach immer mehr Wohltuendes erlauben."

Merken Sie die unterschiedliche Wirkung dieser Sätze? Die Zukunftsvariante ist manchmal zu weit weg. Der Konjunktiv schafft eine Möglichkeit, aber keine Wirklichkeit. Die Gegenwartsform, der Indikativ wirkt am stärksten.

Da sind wir wieder bei der Macht der Worte. (In der Methodenübersicht im letzten Kapitel finden Sie noch mehr Ideen, wie Sie auf Ihre Sprache achten können – siehe Seite 165.)

Doch kehren wir wieder zurück zum Genusstraining. Hier bekommen Sie noch eine kleine Zusammenfassung für Ihr Genussrezept:

- ▶ Aufmerksamkeit
- ▶ Zeit
- ▶ Innere Erlaubnis

Mein Genuss

Wenn Sie das Wort Genuss lesen, woran denken Sie dann? An die Hängematte, die zwischen zwei Palmen aufgespannt ist? Oder ist es eine Himbeertorte? Ist es ein Konzert mit Musik von Bach? Vielleicht eine herrliche ayurvedische Massage? Ein Candle-Light-Dinner? Ist es der Duft einer Rose?

Zum Genießen braucht es nicht viel, es kann auch ein tiefer Atemzug sein oder ein genüssliches Sichdurchstrecken. Wenn Sie dabei auch noch ein wenig lächeln, sind die Voraussetzungen für ein gutes Gefühl nochmal verbessert.

Welche Möglichkeit für Genuss fällt Ihnen jetzt unmittelbar ein?

Können Sie gleich jetzt eine kleine (vielleicht sogar eine größerer) Genusspause machen?

Wollen Sie dabei etwas essen oder trinken? Wollen Sie Musik hören oder ganz einfach nur ins Narrenkastl schauen, auch das ist erlaubt.

Nackte TATSACHE

Wenn das Hirn ins Narrenkastl schaut

In Österreich nennt man das gedankenverlorene Vor-sich-hin-Blicken „ins Narrenkastl schauen". Dieser Ausdruck trifft sehr gut, was in dieser Situation in unserem Kopf vorgeht. Denn „ins Narrenkastl schauen" ist eben mehr, als nur „Löcher in die Luft starren", wie man ja auch sagen könnte. Während wir anscheinend gedankenlos vor uns hin blicken, geht in unserem Kopf ja so einiges vor. Wir verfolgen spontane Assoziationen, unsere Gedanken springen, wandern zwischen Vergangenheit und Zukunft hin und her und wir malen uns Visionen aus und stoßen auf neue Ideen. So manch kreativer Einfall ist im Narrenkastl gefunden worden.

Wissenschaftler haben das „Narrenkastl" im Gehirn gefunden, sie bezeichnen es als „Default Modus". Entdeckt wurde das Netzwerk, wie so vieles, durch Zufall. Während Studien gibt es häufig Ruhephasen, in denen Versuchspersonen etwa auf einen Punkt auf dem Bildschirm schauen sollen. Während dieser Leerläufe tritt in vielen Gehirnregionen Ruhe ein. Nicht jedoch in dem Netzwerk, das als Default-Modus-Netzwerk bezeichnet wird. Diese Nervenzellverbände werden nicht aktiv, während wir zielorientiert Probleme lösen, sie entfalten ihr Potenzial in den Leerläufen dazwischen. Sobald die Versuchsleiter die nächste Aufgabe starten, geht die Aktivität in den besagten Arealen wieder zurück (Raichle et al. 2001).

Das Default-Modus-Netzwerk besteht aus verschiedenen Teilen des Großhirns, wie dem Stirnlappen, aber auch aus der Gedächtniszentrale Hippocampus und Bereichen des limbischen Systems. Das Netzwerk ermöglicht sogenanntes reizunabhängiges Denken: Tagträume, die Simulation von Szenarien ebenso wie das Zurückversetzen in die Vergangenheit oder das Ausmalen zukünftiger Situationen.

Schlagwörter: Default-Modus-Netzwerk, Entspannung, Hippocampus, präfrontaler Cortex

Das große Glück liebt kleine Dinge

Beim Glücklichsein kommt es mehr auf die Häufigkeit von Glücksmomenten an als auf deren Intensität. Es macht mich somit glücklicher, viele kleine Glücksmomente zu haben als wenige sehr intensive. Daher ist es sinnvoll, Ausschau zu halten nach dem kleinen Glück: das Gänseblümchen, das morgendliche Vogelgezwitscher, das bewusste Atmen, der herrliche Geschmack eines Apfels. Wie im Kapitel Turbo ausgeführt, kommt es dabei darauf an, die Aufmerksamkeit in die Gegenwart zu lenken und alle Sinne zu wecken (siehe die Übung „Achtsam im Innen, achtsam im Außen", S. 81). Es ermöglicht, die kleinen Momente ins Bewusstsein zu rücken und den Zauber dieser Augenblicke wertzuschätzen. Stellen Sie sich zwischendurch immer wieder die Frage: Was können Sie *jetzt* Schönes wahrnehmen? Sie wissen schon, die Ausrede „In meiner Umgebung gibt's gerade nichts Schönes" gilt nicht. Sie können immer noch kurz die Augen schließen und einen tiefen Atemzug genießen.

Muße ist nicht nur im Urlaub, sondern auch im Alltag, in der Freizeit, während der Arbeit möglich und erwünscht. Es wäre absurd, die Muße und das Glück ganz in den Urlaub, in das Wochenende zu verbannen. Eine gute Idee, die Muße auch in den Arbeitsalltag einzuladen, ist die Pause.

Pause machen

Im Strudel des Alltags wird oft vergessen, dass das Pausemachen auch im Alltag eine wichtige Ressource ist – nicht nur für Körper und Geist, sondern auch für die Seele.

Unser Nervensystem im „Chill-Modus"

Unser vegetatives Nervensystem kennt zwei Gangarten: den aktivierenden Sympathikus, der uns auf die klassische Kampf-oder-Flucht-Reaktion vorbereitet, sowie den Parasympathikus, der während Muße-Phasen für Entspannung sorgt. Eine erhöhte Aktivierung des Parasympathikus wird als Vagotonie bezeichnet und ist gekennzeichnet durch niedrigen Blutdruck und langsameren Herzschlag: Herz und Kreislauf beruhigen sich, wir werden gelassen und entspannt. Unser Körper nützt diese Ruhephasen und aktiviert die Verdauungsorgane, für die in stressigen Phasen keine Energie zur Verfügung steht.

Ein hoher Vagotonus entspannt nicht nur den Körper, er führt anscheinend auch zu emotionaler Ausgeglichenheit. Wer seinem Parasympathikus häufiger die Möglichkeit gibt, Ruhephasen einzuleiten, >>>

▲ ▲ ▲ TATSACHE

verfügt über mehr positive Gefühle und bessere soziale Kontakte. In einer Studie, in der sowohl der Vagotonus gemessen als auch die Befindlichkeit der Versuchspersonen festgehalten wurde, zeigte sich eine klare Korrelation der beiden Werte: Entspanntere Versuchspersonen berichteten über häufigere Glücksmomente und positive Sozialkontakte. Gleichzeitig stieg durch positive und soziale Erlebnisse der Vagotonus noch weiter an (Kok und Fredrickson 2010), die Entspannung ist offensichtlich eine wichtige Komponente unseres Wohlbefindens.

Schlagwörter: Entspannung, Parasympathikus, Vagotonus

Also bitte! Ist doch wirklich sinnvoll, sich mit dem Parasympathikus anzufreunden.

Wenn Sie ein richtiger Workaholic sind, dann ist das Wort Pause wahrscheinlich ein Fremdwort für Sie. Aber die Fakten zeigen es ganz eindeutig: Die Pause ist wichtig! Nicht nur für den Geist, auch für den Körper und die Seele sind das Pausemachen, die Regenerationsphase, das Entspannen von größter Wichtigkeit.

Die große Pause: der Schlaf

Das Schlafen ist von enormer Bedeutung und wird sehr oft unterschätzt. Wir haben uns allzu sehr von natürlichen Rhythmen entfernt, sowohl was den Tages- als auch den Jahresrhythmus angeht (siehe auch „Nackte Tatsache: Verfinsterte Stimmung?", S. 117). Unser System brauchte im Normalfall viel mehr Schlaf, sowohl in der Nacht als auch in der finsteren Jahreszeit. Diese wichtige Regenerationsmöglichkeit wird immer öfter vernachlässigt.

So, wenn Sie also nun hoffentlich gut ausgeschlafen sind, haben Sie die beste Voraussetzung, sich dem Genuss zu widmen. Er ist ein guter Begleiter in den Muße-Bereich.

Schlaf gut!
Ausgeschlafen?

Erwachsene benötigen durchschnittlich zwischen sieben und acht Stunden Schlaf. Der genaue Schlafbedarf ist tatsächlich individuell und orientiert sich primär an unserer Verfassung untertags. Wer unter Tagesmüdigkeit leidet oder unkonzentriert ist, schläft zu wenig.

Ausreichend Schlaf ist wichtig für Körper und Gehirn.

Senile Bettflucht oder schlafen wie ein Baby?

Unser Schlafbedürfnis verändert sich im Laufe des Lebens. Säuglinge schlafen bis zu 16 Stunden, ein zehnjähriges Schulkind benötigt durchschnittlich zehn Stunden Schlaf und im Jugendalter pendelt sich das Schlafpensum langsam bei acht Stunden ein, während im Alter der Schlafbedarf noch weiter abnimmt und für Pensionisten etwa sechs Stunden beträgt (Rappelsberger et al. 2001).

Je älter wir werden, desto häufiger werden Schlafunterbrechungen. Doch auch jüngere Personen wachen nachts auf – bis zu viermal pro Stunde. Zumeist schlafen wir gleich wieder ein und die Schlafunterbrechungen gehen unbemerkt an uns vorüber. Wenn wir älter werden, nehmen wir die Schlafunterbrechungen häufiger wahr und wir wachen auch früher auf. Während in Tiefschlafphasen das aktivierende Stresshormon Cortisol kaum freigesetzt wird, erreicht die Cortisol-Ausschüttung in den Morgenstunden ihren Höhepunkt. „Der morgendliche Cortisolanstieg bereitet den Organismus auf das Erwachen vor und mobilisiert die hierzu notwendige Energie." (Ehlert and Känel 2010) Je älter wir werden, desto früher in der Nacht steigt der Cortisol-Spiegel und wir wachen auf. Ältere Personen legen dafür untertags häufiger ein Nickerchen ein als jüngere Erwachsene.

Energiequelle Mittagsschläfchen

Ein Erholungsschlaf untertags steigert Leistung und Kreativität, erhöht die Reaktionsgeschwindigkeit und Aufnahmefähigkeit und fördert das körperliche und seelische Wohlbefinden.

Für diesen positiven Effekt sollte der Tagesschlaf allerdings nicht zu lange dauern. 30 Minuten empfiehlt der Wiener Neurologe und Schlafexperte Michael Saletu. Denn dauert das Nickerchen zu lange, sind wir unkonzentriert und benommen und brauchen länger, um wieder in Gang zu kommen. Außerdem leidet der Nachtschlaf, und gerade dieser ist für die Regeneration wichtig. Um Einschlafstörungen vorzubeugen, rät Saletu dazu, das Schläfchen nicht zu spät einzulegen. Wer erst nach der Mittagspause ein Nickerchen macht, riskiert, abends schlaflos im Bett zu liegen (Saletu und Altmann 2015).

Schlagwörter: Alter, Cortisol, Schlaf, Schlafdauer, Tagesschlaf

Nackte TATSACHE ▲▲▲

Gute-Laune-Faktor mit Kosten?

Die Muße im Team

Im Team hat die Muße eine sehr wichtige Aufgabe: Sie sorgt für Entspannung und Wohlbefinden und sollte auf keinen Fall zu kurz kommen. Sich immer wieder einmal ganz bewusst in die Muße zu begeben stellt eine ganz wichtige Regenerationsmöglichkeit dar, bietet entspannte Gelegenheit zum Netzwerken und stärkt den Teamgeist. Automatisch wird der Stresspegel reduziert.

▲ Nackte TATSACHE

Gemeinsam entspannt es sich noch besser als allein

Das Hormon der Nähe, Oxytocin, wird in gemeinsamen Genussmomenten ausgeschüttet. Wenn Sie sich entspannt mit einer Freundin auf die Couch kuscheln, einem Freund den Arm um die Schultern legen oder Ihre Eltern zur Begrüßung umarmen, wird Oxytocin ausgeschüttet, das Hormon, das die Bindung stärkt, Wohlbefinden auslöst (siehe auch „Nackte Tatsache: Heile, heile Segen – warum das Zauberbussi tatsächlich hilft", S. 137, und „Teambuilding dank Oxytocin", S. 137). Oxytocin hemmt die Hypothalamus-Hypophysen-Nebennierenrinden-Achse – auch bekannt als Stressachse – gleich an mehreren Stellen und zeigt kurzfristige und auch langfristige Effekte. So wird der Parasympathikus aktiviert und der Sympathikus, also die Kampf-oder-Flucht-Reaktion, gehemmt. Verständlicherweise funktionieren die Oxytocin-Ausschüttung und ihr positiver entspannender Effekt nur bei gewollter Berührung und Interaktion. Unerwünschte Nähe versetzt unsere Amygdala in Alarmbereitschaft, führt zu einer Aktivierung des Sympathikus und löst somit Angst und Stress aus.

Schlagwörter: Entspannung, Oxytocin, Team

Man kann es natürlich auch übertreiben: Wenn nur noch gechillt wird, wenn eine Pause in die nächste übergeht, wenn die Aufgabenerledigung leidet, dann wurde der Bogen überspannt. Gefährlich wird es auch dann, wenn das Muße-Ausmaß im Team sehr unterschiedlich ist. Da lauert die Gefahr von Neid und Missgunst. Wie immer gilt es auch hier, das rechte Maß zu finden. Das ist die große Kunst.

Meine Muße

Ein Zuviel an Muße macht uns unproduktiv, darum haben Sie in diesem Kapitel einige Motivationstipps kennengelernt. Welcher ist Ihr Favorit?

Kognitive Strategien

- ☐ Frühere Erfolgserlebnisse erinnern (S. 145)
- ☐ Herausforderungen annehmen (S. 146)
- ☐ Ziele setzen (S. 146)

Behavioristische Strategien

- ☐ Arbeitszeiten schaffen (S. 148)
- ☐ Arbeitsraum schaffen (S. 148)
- ☐ Rituale (S. 148)

Körperliche Strategien

- ☐ Den Kopf nicht hängen lassen (S. 149)

Sowohl im Jammertal als auch im Turbo haben Sie bereits Strategien kennengelernt, die Ihre Muße erhöhen können. Da dieser Bereich wichtig ist, haben Sie in diesem Kapitel Inspiration für zusätzliche Muße-Momente gefunden. Wie wollen Sie sich noch mehr Muße verschaffen?

Mehr Muße

- ☐ Auf das Wie kommt es an (S. 152)
- ☐ Genusstraining (S. 153)
- ☐ Darf es mir gut gehen? (S. 154)
- ☐ Mein Genuss (S. 156)
- ☐ Das große Glück liebt kleine Dinge (S. 157)
- ☐ Pause und Mittagsschläfchen (S. 157)

Duman RS, Heninger GR, Nestler EJ (1997) A molecular and cellular theory of depression. Arch Gen Psychiatry 54:597–606.

Ehlert U, Känel R von (2010) Psychoendokrinologie und Psychoimmunologie, 2011th edn. Springer, Berlin; Heidelberg

Isen AM, Daubman KA, Nowicki GP (1987) Positive affect facilitates creative problem solving. J Pers Soc Psychol 52:1122–1131.

Kok BE, Fredrickson BL (2010) Upward spirals of the heart: Autonomic flexibility, as indexed by vagal tone, reciprocally and prospectively predicts positive emotions and social connectedness. Biol Psychol 85:432–436. doi: 10.1016/j.biopsycho.2010.09.005

Mirenowicz J, Schultz W (1994) Importance of unpredictability for reward responses in primate dopamine neurons. J Neurophysiol 72:1024–1027.

Oettingen G, Mayer D (2002) The motivating function of thinking about the future: Expectations versus fantasies. J Pers Soc Psychol 83:1198–1212. doi: 10.1037/0022-3514.83.5.1198

Oettingen G, Wadden TA (1991) Expectation, fantasy, and weight loss: Is the impact of positive thinking always positive? Cogn Ther Res 15:167–175. doi: 10.1007/BF01173206

Raichle ME, MacLeod AM, Snyder AZ, et al (2001) A default mode of brain function. Proc Natl Acad Sci 98:676–682. doi: 10.1073/pnas.98.2.676

Rappelsberger P, Trenker E, Rothmann C, et al (2001) Das Projekt SIESTA. Klin Neurophysiol 32:76–88.

Riskind JH, Gotay CC (1982) Physical posture: Could it have regulatory or feedback effects on motivation and emotion? Motiv Emot 6:273–298.

Saletu B, Altmann S (2015) Faszination Schlaf. Schäfchen zählen war gestern, Maudrich, Wien

Schultz W (1998) Predictive Reward Signal of Dopamine Neurons. J Neurophysiol 80:1–27.

Turecek K (2012) Geistig fit – ein Leben lang: Anti-Aging fürs Gehirn, Krenn, H, Wien

Turecek K (2015) Gehirnspaziergang: Schritt für Schritt geistig fit. Turecek, Katharina, Wien

Weingarten G (2014) Pearls Before Breakfast: Can one of the nation's great musicians cut through the fog of a D.C. rush hour? Let's find out. Wash. Post

8. Das Nachspiel

Mein Notfallkoffer

Wir haben für Sie zum Abschluss einen Notfallkoffer gepackt. Auf diesen können Sie im Alltag zurückgreifen, wenn Sie die eine oder andere Methode aus diesem Buch einsetzen möchten. Damit Sie bei Bedarf rasch eine geeignete Technik finden, haben wir sie in Gruppen zusammengefasst.[1]

Lassen Sie die einzelnen Ideen noch einmal Revue passieren. Möglicherweise wollen Sie bei der einen oder anderen Methode zurückblättern und nachlesen. Aus diesem Grund haben wir Ihnen auch ein wenig Platz in einer eigenen Spalte gelassen: für Ihre Notizen und Gedanken.

Achtsamkeit

Seite	Methode	Meine Notizen
24	Bodyscan kompakt	
24	Bodyscan XL	
43	Wie mein Körper atmet	
47	Affenkäfig oder Hundeerziehung	
50	Meditation ist Übungssache	
81	Achtsam im Außen	
81	Achtsam im Innen	
153	Genusstraining	
157	Das große Glück liebt kleine Dinge	

Wie verbringe ich meine Zeit?

Seite	Methode	Meine Notizen
71	Energie-Input, Energie-Output	
74	Singletasking	
131	Purzelbaum mit Schlagobers	
133	Das wollte ich immer schon einmal machen	
136	Schreiben Sie sich frei!	
133	Genusstraining	
156	Mein Genuss	

---

1) Darum finden Sie manche Methoden auch doppelt in dieser Liste – denn manche Techniken wirken gleich auf mehreren Ebenen.

Erholung

Neue Verhaltensmuster

Meine Einstellung

Gedanken steuern – im Moment

Gedanken steuern – langfristig

Meine Sprache

Ich kann's!

So, Sie kennen jetzt jede Menge Methoden und Strategien. Außerdem haben Sie im Laufe dieses Buches viel Wissen erworben, wie emotionale Prozesse im Gehirn ablaufen, und kennen zahlreiche Anekdoten aus der kognitionswissenschaftlichen Forschung. Aber all dies nur zu wissen, das wird Ihnen leider gar nichts nützen.

Nackte TATSACHE ▲▲▲ Vom Wissen zum Können

Die Lernpsychologie unterscheidet explizites Wissen vom impliziten Können. Wenn Sie etwas wissen, dann können Sie darüber reden, können Sie etwas in Worte fassen und Daten und Fakten dazu nennen. Können hingegen, das sind Fähigkeiten und Fertigkeiten, Bewegungsabläufe und Verhaltensweisen.

Wissen erwerben wir, indem wir lernen. Wir setzen uns hin, lesen Bücher, hören uns Vorträge an und erstellen vielleicht sogar eigene Unterlagen. Mit der Zeit verstehen wir Zusammenhänge und prägen uns die Einzelheiten ein.

Können hingegen erreicht man schlicht und einfach durch Übung. Je öfter wir etwas machen, desto besser werden wir.

Es kann passieren, dass wir diese beiden Lernziele verwechseln. Dann wollen wir etwas können und konzentrieren uns darauf, Wissen anzuhäufen. Wir würden beispielsweise gerne unsere Ernährungsgewohnheiten ändern und lesen einen Ernährungsratgeber nach dem anderen. Mit der Zeit sind wir schon richtige Ernährungsexperten, was allerdings noch nicht heißt, dass wir uns bei der Nachspeise zurückhalten können.

Genauso ergeht es uns in unserem Stimmungsspielraum. Wenn wir uns in ihm bewegen können wollen, dann braucht das vor allem eines: Übung!

Schlagwort: Lernen

Es geht also nun darum, das Erlernte in die Praxis umzusetzen. Wahrscheinlich ist Ihnen das an dem einen oder anderen Punkt schon gelungen, wenn Sie die Übungen wirklich gemacht haben, den einen oder anderen Vorschlag vielleicht schon im Alltag probiert haben. Hier geht es darum, das noch weiter zu festigen. Das ist ein wichtiger Schritt, sonst war es fast umsonst, das Buch zu lesen.

Wir empfehlen: Nehmen Sie sich nicht zu viel vor. Besser ist es, Sie entscheiden sich für ein, zwei Techniken und üben diese so lange, bis Sie deren Anwendung automatisiert haben, erst dann nehmen Sie sich die nächste vor.

Und eines sei auch noch gesagt: Übung braucht Zeit. Wie alt sind Sie? So lange haben Sie Ihre Gewohnheiten aufgebaut. Also werden Sie nicht in wenigen Tagen alles anders machen können. Seien Sie deshalb geduldig mit sich. Es ist immer ein guter Rat, liebevoll und sorgsam mit sich umzugehen. Dabei kann Ihnen auch das Prinzip der Babyschritte helfen. (Die Babyschritte haben Sie im Jammertal kennengelernt, Sie finden sie auf Seite 135.)

Zeit? Das ist ein gutes Stichwort. Die hab ich nämlich nicht. Ich muss zugeben, die Arbeit an dem Buch war für mich sehr hilfreich und ich finde viele deiner oder unserer Methoden total interessant. Ich wünschte, ich könnte die auch alle umsetzen.

Siehst du, genau das ist die Falle: Du willst schon wieder alles auf einmal. Darum eben auch Einzelschritte!

Du meinst: besser Babyschritte als gar keine Schritte?

Ja! Darum überlegst du dir jetzt am besten, welche Idee dir denn am hilfreichsten erscheint.

Mein Liebling

Sie können sich aussuchen, welche Technik Ihr Favorit, Ihr Liebling ist.

Nehmen Sie sich nun eine oder zwei Strategien vor. Diese eine Übung, diese eine Idee, und nur diese eine, ist nun Ihr Ziel. Beginnen Sie damit, diese eine Anregung regelmäßig in Ihren Alltag einzubauen, und wenn Sie merken, dass es Ihnen gut gelingt, dann steht dem nächsten Vorhaben nichts mehr im Wege und Sie werden Schritt für Schritt Herr oder Frau über Ihre eigene Gefühlswelt.

Was ist nun Ihr Liebling?

Wenn Sie nun eine Auswahl getroffen haben, dann widmen Sie sich dieser Strategie. Sie können sich ausmalen, wie Sie diese Technik schon in der Vergangenheit hätten anwenden können? In welchen konkreten Situationen? Wie könnten Sie sie in Zukunft anwenden? Vielleicht haben Sie schon Situationen vor Augen, wo die Technik zum Einsatz kommen kann. Wenn Sie sich das vorab vorgestellt haben, sind Sie besser gewappnet, wenn es so weit ist. Na ja, aber eben nicht nur in der Vergangenheit und der Zukunft: Letztendlich kommt es darauf an, die Strategie in der Gegenwart parat zu haben. Darum geht es. Und dabei wünschen wir Ihnen alles Gute.

So entlassen wir Sie nun mit Ihrem neuen Liebling und wünschen Ihnen mit ihm eine erfolgreiche Beziehung: Möge die Übung gelingen!

Weißt du, was ich jetzt gerne noch hätte?

Hm?

Irgendeine Tabelle oder etwas Ähnliches, wo ich eintragen kann, wie es mir geht.

So etwas wie eine Erfolgskurve?

Ja genau, ich liebe Tabellen und Kurven.

Ich weiß. Dann machen wir das.

Erfolgskontrolle: Wie war ich?

Hier können Sie für sich selbst sichtbar machen, wie Ihre Strategien greifen. Beobachten Sie, wie es Ihnen im Laufe eines Tages, einer Woche oder eines Monats geht. Welche Stimmungsbereiche herrschen vor? So wird der Prozess sichtbar, wie sich Ihre Emotionen verändern und verändern lassen.

So machen Sie Emotionsverläufe sichtbar

Sie finden am Ende des Buches Kopiervorlagen für Graphen. Sie haben drei Versionen zur Auswahl: eine zur Beobachtung eines Tages, eine für die Analyse einer Woche und eine, die einen Monatsüberblick ermöglicht.

Wie ausgeprägt sind die jeweiligen Bereiche zu den entsprechenden Zeiten bzw. an den entsprechenden Tagen? Machen Sie dazu jeweils eine subjektive Einschätzung.

So könnte ein Wochenverlauf beispielsweise aussehen:

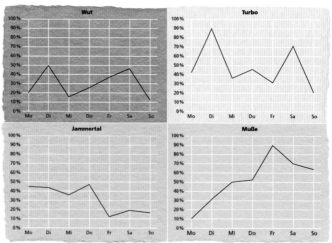

Die Kopiervorlagen aus diesem Kapitel können im DIN-A4-Format online unter Springer Extras (extras.springer.com) heruntergeladen werden.

So bekommen Sie eine Übersicht über Ihren Erfolg und erkennen das Entwicklungspotenzial. Welche Emotionsbereiche dominieren im Verlauf der Zeit? Gibt es Bereiche, in die Sie nie kommen?

Sie können mehr als einen Liebling haben!

Sie können anhand der Kurven erkennen, welche Strategien für Sie funktionieren und langfristig Ihre Stimmung verbessern. Probieren Sie der Reihe nach unterschiedliche Ideen aus. Im Laufe der Zeit entwickeln Sie so Ihre persönliche Strategie-Sammlung, um sich aktiv in Ihrem Stimmungsraum zu bewegen: Ihre emotionale Kompetenz.

Und jetzt? Jetzt ist das Buch einfach aus?

Nein, ich würde mich gerne noch verabschieden und alles Gute wünschen.

Hm. Also „Viel Erfolg und alles Gute" finde ich schon extrem langweilig. Wie wäre es mit einer kleinen Zugabe?

Noch eine Übung?

Also, was mir am Herzen liegt, ist das bewusste Abspeichern. Ich sage das auch in Seminaren oft, dass wir uns diesem Informationsfluss so aussetzen: Input, Input, Input. Und was zu kurz kommt, ist der Moment, wo man kurz innehält und eben ganz bewusst abspeichert.

Und wie soll das hier funktionieren?

Also Studierenden sage ich immer, die wichtigste Lernzeit sind die fünf Minuten nach der Vorlesung. In denen ich mir einfach kurz überlege: „Was nehme ich mit?"

Du würdest den Leser also fragen wollen: „Was nehmen Sie mit?"

Na ja, oder so ähnlich.

Deshalb:

Was würden Sie Ihrem besten Freund sagen, wenn er Sie fragt: Was hat dir dieses Buch gebracht?

Das Nachspiel

Servus und auf Wiedersehen,
Heide-Marie Smolka
und Katharina Turecek
www.smolka-turecek.at

Tagesübersicht

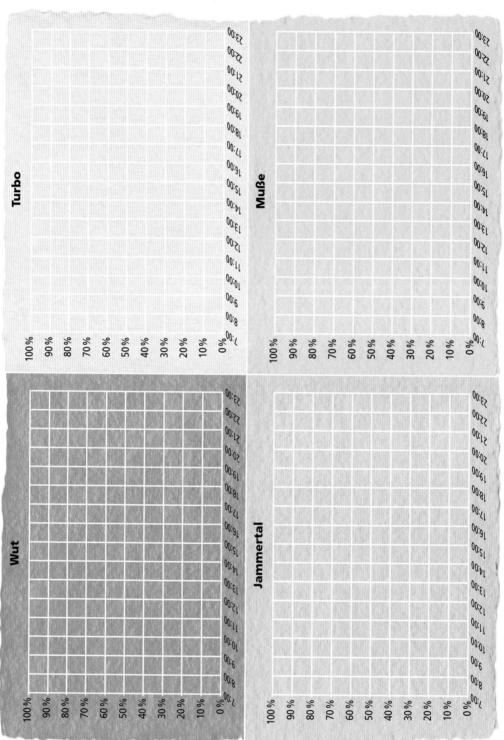

Wochenübersicht

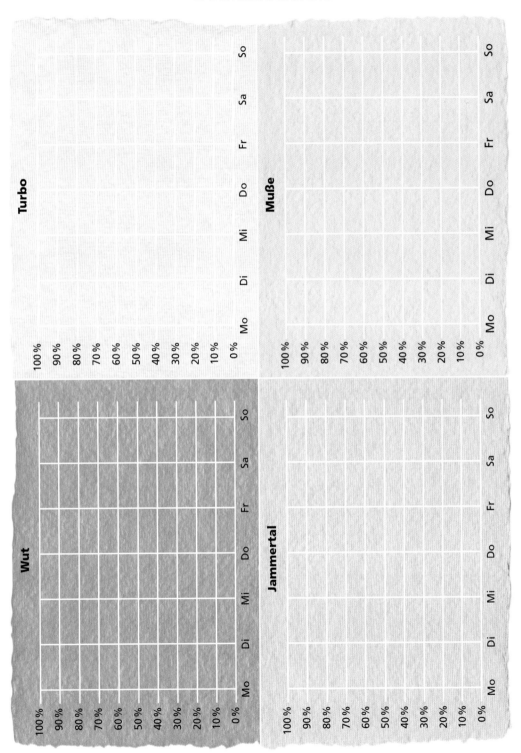

Monatsübersicht

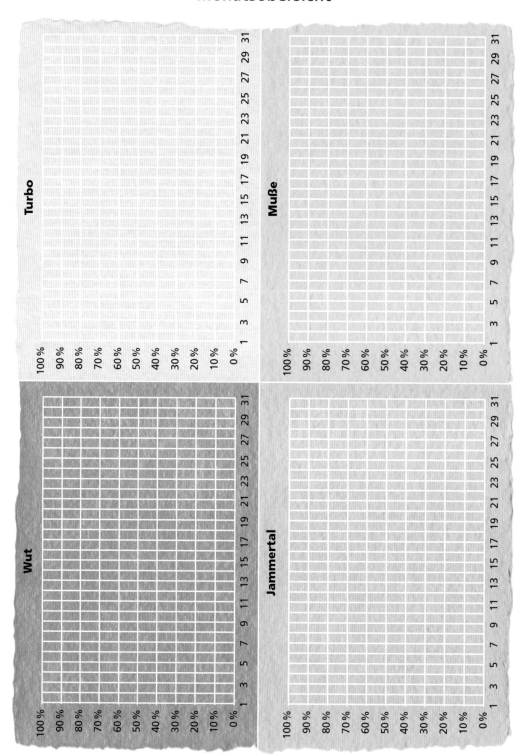

Index

Nackte Tatsachen

Index

Ihr Bonus als Käufer dieses Buches

Als Käufer dieses Buches können Sie kostenlos das eBook zum Buch nutzen.
Sie können es dauerhaft in Ihrem persönlichen, digitalen Bücherregal
auf **springer.com** speichern oder auf Ihren PC/Tablet/eReader downloaden.

Gehen Sie bitte wie folgt vor:

1. Gehen Sie zu **springer.com/shop** und suchen Sie das vorliegende Buch
   (am schnellsten über die Eingabe der eISBN).
2. Legen Sie es in den Warenkorb und klicken Sie dann auf:
   zum Einkaufswagen/zur Kasse.
3. Geben Sie den untenstehenden Coupon ein. In der Bestellübersicht wird
   damit das eBook mit 0 Euro ausgewiesen, ist also kostenlos für Sie.
4. Gehen Sie weiter **zur Kasse** und schließen den Vorgang ab.
5. Sie können das eBook nun downloaden und auf einem Gerät Ihrer Wahl lesen.
   Das eBook bleibt dauerhaft in Ihrem digitalen Bücherregal gespeichert.

EBOOK INSIDE

eISBN	978-3-662-54453-2
Ihr persönlicher Coupon	wfFhQecnC8KRE8f

Sollte der Coupon fehlen oder nicht funktionieren, senden Sie uns bitte
eine E-Mail mit dem Betreff: **eBook inside** an **customerservice@springer.com**.